병원을 살리는 고객 소통의 법칙

마법의 **병원 서비스**

병원을 살리는
**고객 소통의
법칙**

마법의
병원
MAGIC
HOSPITAL
서비스
SERVICE

김근종 지음

⊔ 중앙경제평론사

매일 환자가 넘치는 병원이 있는가 하면 환자가 없어 도산하는 병원도 있다. 환자가 고객인 시대에 병원의 서비스는 절대적이라고 할 수 있다. 환자의 만족 차원을 넘어 환자가 기절할 정도의 서비스를 제공해야만 그 병원을 찾는다. 이제 환자는 평범한 서비스를 제공하는 병원을 찾지 않는다.

어떤 병원에서는 '1분 대기조'라는 것을 운영하기도 한다. 입원 환자나 내원한 환자 가족과 병원 직원 사이에 갈등이 생길 경우 이를 해결하기 위해 친절과 대화의 달인으로 구성된 1분 대기조가 출동하여 간단하게 해결해준다.

일단 한 번 이들과 대화를 하면 화를 냈던 환자나 가족들 모두 크게 한바탕 웃고 만다고 하니 가히 이들을 '1분 대기조'라고 부를 만하다.

환자나 그 가족들에게서 예약전화나 기타 문의전화가 왔을 때 효과적으로 응대하기 위해 매일 올바른 전화 응대법을 주제로 롤플레잉을 하기도 한다.

일본의 한 병원에서는 현대의학을 전공한 성형외과 의사지만, 얼굴 성형을 하러 온 고객에게 어떤 스타일의 얼굴을 원하느냐고 먼저 질문하는 것이 아니라, 의사 자신이 얼굴 형태에 대해 다각적인 철학 지식을 갖고 있어 돈 버는 얼굴, 여자가 좋아하는 얼굴, 남자가 좋아하는 얼굴, 복이 많은 얼굴 등 다양한 형태의 얼굴을 놓고 마치 역술가가 점을 보듯이 고객에게 설명한 후 성형 수술을 하는 의사도 있다.

태국의 한 병원은 동네병원이지만 마케팅이 특이하다. 매일 홈페이지에 올라오는 내용을 집중 분석하여 저녁 시간에 별도의 회의를 해서 문제가 있는, 즉 불만의 글이 올라오면 그에 대한 해결과 답안을 제시하여 불만을 최소화한다. 홈페이지를 만들어놓기만 하고 관리가 소홀한 병원들도 많은데 말이다.

국내의 한 병원에서는 내원한 환자의 특성에 따라 환자의 관리 서비스를 차별화하는 경우도 있다. 즉 원장이 직접 관리해야 하는 환자, 간호사가 관리해야 하는 환자, 의사나 간호사를 칭찬하는 환자 등 여러 유형으로 나눠 환자를 집중 관리한다. 이들 중 병원에 대해 호의적인 환자들을 별도로 초청하여 원장이 함께 식사하면서 병원 홍보대사로 임명하기도 한다. 이런 유형의 사람은 주변에 친구가 많고 대인관계도 좋기 때문이다.

영화관, 유명 레스토랑, 헬스장, 골프장 등의 각 업체와 제휴하여 병원을 이용한 환자들에게 할인을 해주는 병원도 있다. 병원 입구에는 병원과 제휴한 각 업체 명단을 걸어놓는다. 이번 달에 유명한 공연이 있다면 우선적으로 환자들에게 할인된 관람권을 제공해준다.

병원에서 산모를 위한 특별 초청 강연회 등이 있으면 병원 관계자는 자신의 병원을 방문한 예비환자들에게 즉각적으로 문자 서비스를 제공한다. 그리고 척추, 신장, 성형, 치과 등 각 과별로 유명 강사의 강의가 있는 경우에는 이미 구축된 데이터를 근거로 고객들에게 순식간에 소식을 전해주는 병원도 있다.

외국의 한 병원장은 마당발로서 그가 관리하는 환자만 5000명이 넘는다고 한다. 원장의 하루 일과는 이들과 통화하고 식사하고 안부를 묻고 각종 경조사를 다니면서 친분을 쌓아 마치 지역구 국회의원과 같은 일을 한다고 한다.

무결점 운동(Zero Defect Movement)이라고 하여 매일 아침에 조례를 할 때 오늘도 단 하나의 결점이 나와서는 안 된다는 선언문을 외치고 근무를 시작하는 병원도 있다. 한 달간 집계를 하여 단 한 건의 불평이나 불만 사항도 발생하지 않은 과에는 포상으로 패밀리레스토랑 무료 식사권이나 영화관 1회 무료 관람권을 제공하는 병원도 있다.

한마디로 병원을 개원하기만 하면 환자가 몰리는 시대는 이미 지났다. 병원 홍수 시대에 자기 병원으로 환자를 유치하기 위해서는 환자가 고객이라는 생각을 갖고 감동 차원을 넘어 환자가 깜짝 놀랄 정도의 서비스를 제공해야만 생존할 수 있다.

이 책을 꼼꼼히 읽고 행동으로 옮긴다면 더 이상 서비스 문제로 병원 경영이 어려워지는 것을 걱정할 필요가 없을 것이다.

끝으로 이 책이 오늘도 환자들의 몸과 마음의 병을 치유하기 위해 불철주야 뛰고 있는 이 땅의 병원장, 의사, 간호사, 기타 병원 업무 관련 종사자들에게 좋은 지침서가 되길 바란다.

김근종

Part 3 | 호텔식 감동 서비스가 병원을 바꾼다

Part 8 | 이제 병원도 경영 능력이 필요하다

Part 1

의사가 변해야
환자가 늘어난다

 # 치과 의사의 기발한 아이디어

이가 아파도 웬만해서는 치과에 가는 것을 꺼린다. 치과에 가면 아픈 이를 빼서 좋지만 이를 빼는 과정을 떠올리면 가기 싫은 것이다.

그래서 어린 시절에는 이가 아파도 치과에 가기가 두려워 흔들거리는 이를 계속 가지고 있다가 이를 실로 묶고 실을 문고리에 묶어두어 문을 갑자기 활짝 열어 이를 뺀 적도 있다. 뿐만 아니라 이를 실로 묶어 이마를 갑자기 탁 치는 순간 이가 빠지기도 했다.

이렇듯 흔들거리는 이를 다양한 방법으로 뺀 추억이 누구에게나 있을 것이다. 이를 빼는 두려움은 성인이 되어서도 사라지지 않는다.

이런 점에 착안해 미국의 한 치과 의사가 개발한 기발한 아이디어를 살펴보자. 사람들이 이 치과에 가는 것은 두려워하지 않는다는 것을 보면 뭔가 새롭고 신기한 방법이 있는 것 같다.

그 치과 의사는 환자들이 이를 빼러 치과에 오는 것을 몹시 두려워한다는 사실을 알고 뭔가 획기적인 방법이 없을까 고민했다고 한다.

그러던 중 어느 여름날 너무 더워서 바닷가로 해수욕을 갔다. 해수욕장에 도착해보니 물안경을 쓰고 한적한 곳에서 창으로 고기를 잡는 사람들이 있었다.

그걸 본 의사는 재미있을 것 같아 자신도 직접 물안경을 쓰고 바닷속으로 들어갔다. 한창 고기를 잡다가 그는 문득 물안경을 치과 치료에 적용하면 좋은 아이디어가 나오지 않을까 하는 생각이 들었다.

골몰히 아이디어를 생각하던 그는 "그래, 바로 이거야. 이 방법이면 대박이 나겠군" 하며 좋아하고는 집으로 돌아와 본격적으로 연구를 시작했다고 한다. 그 아이디어는 이런 것이다.

치과에 오는 환자들이 느끼는 공포와 두려움을 없애기 위해 환자가 입을 크게 벌린 다음 고안해둔 물안경과 귀막이 장치를 쓰도록 했다. 환자가 입을 벌리고 있는 동안 눈으로는 물안경 속에서 펼쳐지는 스릴 넘치는 영화의 한 장면을 보게 되는 것이다. 영화에서 나오는 소리는 귀마개를 통해 들을 수 있도록 고안되었다.

환자가 크게 입을 벌리고 있으면 물안경 속에 나이아가라 폭포가 나타난다. 상류에서 1인용 배를 타고 노를 젓던 한 여행객이 그만 실수로 노 젓는 긴 장대를 물에 빠뜨렸고 건지려 애를 쓰지만 결국 놓치고 만다. 그러고는 나이아가라 폭포가 있는 쪽으로 빠르게 흘러내려오고 있다. 귀에서는 나이아가라 폭포에서 떨어지는 엄청난 물소리가 계속 들려온다.

환자는 크게 입을 벌린 채 '큰일이다. 계속해서 떠내려오면 나이아가라 폭포에 이르러 죽을 텐데' 하며 안타까워한다. 그러다가 여행객이 막 나이아가라 폭포 밑으로 떨어지려는 순간 "악" 소리를 내며 자신도 모르는 사이에 이가 빠져버린다.

치과 의사는 자신이 직접 노 젓는 것을 조절하며 나이아가라 폭포 밑으로 떨어지는 순간 이를 빼버리는 것이다.

정말 기막힌 아이디어 아닌가. 스릴 넘치는 장면을 보여주어 그것에 집중하는 순간 이를 뽑는 치과 의사의 이 아이디어는 대박이 났다.

특허를 내고 기계 제조업체와 제휴하여 이 빼는 도구도 팔고 병원에 환자도 몰리고 일석이조의 효과를 누린 셈이다.

환자에게 직접
전화하는 원장님

세계적으로 서비스가 좋은 호텔로
유명한 태국의 오리엔탈 호텔은 일반 호텔에서는 상상하지 못할
서비스를 제공하고 있다. 전 세계 비즈니스맨들이 매년 서비스가
가장 좋은 호텔을 선정할 때도 태국의 오리엔탈 호텔이 단골로
꼽히고 있다.

이 호텔에서는 도대체 어떤 서비스를 제공하길래 이렇게 정평
이 나 있는지 궁금하지 않은가. 일단 태국 오리엔탈 호텔로 들어
가 보기로 하자.

차를 타고 호텔 입구에 도착하는 순간, 장미꽃 한 송이를 든 호
텔 도어맨이 무릎을 굽히고 손님을 따뜻하게 맞이해준다. 그리고
손님의 가방을 건네받고는 호텔 객실을 등록하기 위해 프런트 데
스크로 안내한다. 이후 호텔 벨맨은 열쇠를 건네받고 손님을 객

실까지 안내한다. 이 정도의 서비스야 국내 일반 호텔에서도 가능한 수준이다.

그러나 다음이 문제다. 손님이 레스토랑에 들어가면 이내 웨이터가 메뉴판을 가져와 한쪽 무릎을 굽히고 손님에게 공손히 건넨다. 이 정도도 여느 호텔에서는 실천하기 힘든 수준의 서비스다. 게다가 태국 오리엔탈 호텔의 가장 놀랄 만한 서비스는 호텔에서 가장 높은 총지배인이 각 객실에 직접 모닝콜을 한다는 것이다.

"안녕하세요. 저희 호텔을 이용해주셔서 대단히 감사합니다. 손님께서 부탁하신 아침 7시 모닝콜입니다"라고 호텔 총지배인이 직접 전화를 걸어 고객이 부탁한 시간에 깨워준다는 것이다. 대부분의 호텔에서는 자동으로 모닝콜을 하지만 태국 오리엔탈 호텔에서는 총지배인이 직접 한다는 것이 다른 호텔과 큰 차이가 있다.

그렇다면 병원의 경우를 살펴보자. 병원 하면 자존심 강하고 존경받는 의사와 병원의 최고 높은 자리에 있는 원장을 생각하지 않을 수 없다. 병원에서 파격적으로 원장이 직접 환자를 챙기는 서비스를 제공한다면 어떻겠는가.

"뭐라고? 원장님이 환자한테 직접 전화해서 인사를 하라고? 당신 제정신이야? 감히 원장님에게 그런 일을 하라고 하다니!" 하면서 불만을 제기할 것이 당연하다.

그러나 동네에서 한의원이나 치과 병원을 자주 이용하는 환자라면 병원 측에서 보았을 때는 당연히 단골고객이다. 한의원에서는 보약을 자주 지어가는 환자라면 VIP 고객임에 틀림없다.

이런 고객에게 "안녕하세요. ○○한의원 원장 ○○○입니다. 요즘 건강은 어떠세요?"라고 직접 전화해보라. 아마도 그런 전화를 받은 환자는 "아니, 이게 어찌된 일인가. 원장님께서 직접 내 건강까지 챙기시니 말이야" 하며 깜짝 놀라면서도 한편으로는 무척 좋아할 것이다.

치과 병원의 경우도 마찬가지다. 하나에 몇 백만 원 하는 치아를 여러 개 치료한 환자라면 치과 병원 측에서 보았을 때 역시 VIP 환자 고객임에 틀림없다. 이런 환자라면 원장이 직접 관리를 해주어야 한다.

백화점에서 불황에도 잘 팔리는 물건이 있다. 아주 값비싼 밍크코트라고 한다. 돈이 많은 부자는 불황에도 끄떡없이 한 벌에 몇 천만 원이 넘는 옷을 전혀 개의치 않고 구입한다는 것이다. 백화점에서는 이런 고객을 특별 관리한다.

코카콜라의 경우도 살펴보자. 불황이라서 전 업종에 걸쳐 매출이 떨어지지만 코카콜라 고객의 약 7%는 코카콜라에 중독되어 거의 매일 마셔야 한다는 말이 있다. 한마디로 이들이 매상을 올려준다고 해도 과언이 아니다.

동네병원의 수가 점점 늘어나고 있다. 이제 환자가 병원을 골라서 가는 시대가 되었다. 과거 권위주의 발상에 사로잡혀 안이하게 대처하다가는 자칫 경쟁 병원에 환자를 빼앗길 수 있다는 사실을 명심하자.

당장 오늘부터라도 VIP 환자 고객이라면 원장이 직접 전화를 걸어보자. 원장이 직접 전화를 걸어 환자의 건강을 챙기는 병원은 그리 많지 않을 것이다. 특히 한의원이라면 원장이 직접 전화를 해보라. 당장 말이다. 엄청난 효과를 발휘할 것이다.

고객을 부르는 서비스 Tip

"안녕하세요. ○○한의원 원장 ○○○라고 합니다. 요즘 건강은 어떠세요? 지난번에 조제한 한약은 부작용이나 기타 이상 징후는 없었는지요? 예약하신 날짜가 다음 주 화요일 10시로 되어 있습니다. 그때 뵙겠습니다."

자존심만 내세우지 말고 이런 내용으로 직접 전화를 걸어보자. 이런 전화를 받은 환자는 감동하지 않을 수 없다.

물론 모든 환자에게 이런 서비스를 제공할 수는 없을 것이다. 원장의 입장에서 모든 환자를 챙긴다는 것은 불가능한 일이다. 그러나 단골환자의 입소문이 얼마나 무서운지 안다면 단골환자만이라도 원장이 직접 챙겨야 할 것이다.

소아과 의사는 아이와 친해져야 한다

어떤 서비스 업종이든 아이들을 공략해야 성공하는 시대다. 그래서 요즘은 식당도 규모가 좀 크다 싶으면 메뉴 종류와 무관하게 어린이들을 위한 놀이터를 만들어놓고 운영하고 있다. 부모는 식사를 편하게 할 수 있고 아이들도 놀이터를 무척 좋아한다.

아이들은 놀이기구를 타면서 즐겁게 놀고 새로운 친구도 만난다. 그리고 놀이를 하다가 배가 고프면 테이블에 와서 밥을 먹고는 다시 놀이를 즐긴다. 더 나아가 어른들이 즐겨 찾는 식당이라도 아이들이 좋아하는 메뉴를 준비해놓지 않으면 다시는 그 식당을 안 찾는다는 사실도 알아두자.

호텔도 마찬가지다. 어린아이들이 놀 수 있는 공간을 만들어놓고 운영한다. 심지어는 아이들을 돌보아줄 수 있는 보모도 있다.

그렇다면 병원도 대충 답이 나올 것이다. 병원은 그래도 다른 곳에 비해 나은 편이다. 가만히 있어도 아픈 아이들이 부모와 함께 찾아오니 말이다.

그러나 그것도 흘러간 옛이야기가 아닌가 싶다. 소아과도 요즘 포화 상태다. 어디를 가나 'ㅇㅇㅇ소아과', 'ㅇㅇ전문 소아과' 등의 간판을 많이 볼 수 있기 때문이다.

이렇다 보니 정작 아이가 아파도 어느 소아과에 가야 좋을지 몰라 머리가 아프다. 그래서 대부분의 부모들은 한 번이라도 갔던 소아과를 찾을 수밖에 없다. 다른 소아과에 가자니 아무래도 불안하기 때문이다.

그래서 소아과의 경우 의사나 병원장이 조금만 노력하면 어린 환자들을 유치하는 것은 시간문제다. 조금 전 호텔이나 식당의 경우를 보았듯이 말이다.

우선 병실부터 확 바꾸어야 한다. 병실의 번호를 1190호, 390호 등의 숫자로 표시하는 경우가 많은데 당장 오늘부터라도 어린 아이들이 좋아하는 단어로 바꾸어보자. '미키마우스', '박지성', '루니', '서든어택', '해리포터' 등 다양한 이름은 얼마든지 있다. 아이들한테 친숙한 이름을 지어 병실 번호 1190호실 대신 붙여보자. 아이들이 무척 좋아할 것이다.

"엄마, 여기에도 내가 좋아하는 게임 이름이 있어" 하면서 아이들이 좋아하면 당연히 다음번에도 그 병원에 올 수밖에 없다.

첫인상이 매우 중요하다. 첫 대면에서부터 '1190호'라고 쓰여 있는 병실은 몸이 아파서 온 아이들한테 좋은 이미지를 심어줄 수 없다. 몸이 불편하고 마음이 아파 병원에 왔는데 마치 감옥에 가두어놓는 듯한 분위기를 풍겨서는 안 된다는 것이다.

어린아이들이 즐겨 부르는 노래 이름도 좋고 전자게임 이름, 축구선수나 야구선수 이름도 활용할 수 있다. 이것도 싫다면 꽃 이름도 좋고 나라 이름도 좋다. 아이들의 코드에 맞추어야지 어른의 코드에 맞추어서는 절대 소아과 병원이 성공할 수 없다.

어린아이들이 줄을 서서 기다리는 병원을 가보았더니 그 비결은 소아과 의사의 기발한 아이디어가 아이들뿐만 아니라 어른들까지 사로잡은 것이었다.

고객을 부르는 서비스 Tip

아이를 동반한 고객이 호텔에 올 경우 아이를 칭찬해야 고객이 좋아한다. "아이가 정말 잘생겼습니다. 장군감이네요", "이놈 튼튼해서 나중에 큰일을 하겠어" 등 아이들을 칭찬할 거리는 얼마든지 있다.

의사도 고객 서비스 마인드를 갖춰야 한다. 아이들한테 환심을 사면 부모는 따라올 수밖에 없다. 이가 아파 온 어린 환자에게 "너 지난번 해리포터 3편 나온 것 봤어? 정말 재미있다"라고 해봐라. 아이는 금방 의사의 팬이 될 것이다. 앉자마자 진찰부터 시작하는 것은 금물이다. 아이들이 몰리는 소아과 병원에서는 의사가 바로 해리포터라는 사실을 기억하라.

환자의 눈높이에 맞춰 상세히 설명해준다

세계적으로 널리 알려진 커피전문점 스타벅스를 누구나 한두 번 방문해본 기억이 있을 것이다. 단순한 커피를 세계적인 브랜드로 성공시킨 하워드 슐츠 회장은 자타가 인정하는 유명한 기업인이다.

그는 대기업 부회장이라는 거대한 타이틀을 가지고 있으면서도 하루아침에 커피에 매료되어 직원이라야 4명밖에 없는 스타벅스 전문점 마케팅 이사로 직장을 옮겼다고 한다. 대기업의 임원 자리, 그것도 부회장이라고 하면 연봉만 수십만 달러가 넘을 텐데 그런 좋은 직장을 그만두고 일개 커피전문점으로 직장을 옮겼다는 것은 대단한 결정임에 틀림없다.

그러나 그가 단순히 취미 삼아 커피전문점으로 직장을 옮긴 것은 아니다. 뭔가 야심찬 계획이 있었기 때문에 가능한 일이다. 그는 커피를 주야로 연구했다. 그리고 세계적인 브랜드로 스타벅스를 키워나가기 위해 많은 노력을 하였다.

오늘날 스타벅스가 세계적인 브랜드로 급성장할 수 있었던 원인은 여러 가지 있지만 그중에서도 초창기 스타벅스를 고객에게 확실하게 인지시킨 것은 커피에 대한 설명이었다.

그 당시만 하더라도, 아니 요즘도 마찬가지지만 대다수 고객은 커피를 즐기더라도 커피의 원산지, 커피의 맛, 커피의 유래 등 커피에 대한 소소한 것들에 대해서는 알지 못했다. 설명해주는 사람도 없었다. 그래서 그는 바리스타라는 종업원을 고용하여 커피에 대해 교육시킨 후 고객들에게 수십 종류가 넘는 커피에 대해 일일이 설명을 해주었다고 한다.

바로 이것이 스타벅스를 세계 최고 브랜드로 키워나간 힘이 아닌가 싶다. 고객에게 재미를 곁들여 충분한 설명을 해준다면 고객은 이보다 더 즐거운 일이 없을 것이다.

병원을 살펴보자. 이가 아파 치과에 가는 경우, 목이 부어 이비인후과에 가는 경우 대부분의 의사들이 환자들에게 전달하는 메시지는 뭔가 특이한 것이 없다.

하기야 의사가 무슨 특이한 말이 필요하겠는가. "아니, 우리가 코미디언도 아니고 병의 진단만 정확하게 잘 내리고 잘 치료하면 되는 것이지 그 이상 뭐가 더 필요하단 말이오?"라고 반문할 수도 있다. 그러나 의사의 말 한마디가 환자에게 엄청난 효과를 가져와 공포심을 없앨 수 있다는 사실을 알아둘 필요가 있다.

암 발생 확률이 0.001%도 되지 않는데 의사가 좀 과장해서 "만약 이대로 방치한다면 암에 걸려 바로 죽을 수도 있습니다"라고 말했다고 상상해보자.

환자의 입장에서는 "그렇다고 바로 죽는다고 하다니, 내가 얼마나 공포에 떨었는데" 하면서 그런 말을 한 의사에게 섭섭해할 수 있다. 나중에 환자가 암의 발생 확률이 매우 낮다는 사실을 알았다면 말이다.

어린이들이 목이 아파 이비인후과에 부모와 같이 갔다고 가정해보자. 의사는 아이를 앞에 앉히고는 "저기 적들이 진을 치고 있네. 저놈들을 가만히 놔두면 안 돼. 적들이 총을 쏠 수 있어. 빨리 죽여야겠어" 하면서 목 안쪽 부위에 부어오른 종기를 적으로 표현한다면 아이는 무척 좋아할 것이다. 옆에 있는 엄마가 보기에도 재미있다. 아이는 더 이상 무서워하지 않을 것이다.

의사는 아이에게 입을 크게 벌리라고 하고는 "자, 그러면 내가 직접 저놈들을 처치해야지. 그리고 적들이 차지하고 있는 벙커를 우리 편이 빼앗을 거야" 하면서 얼른 소독제를 집어넣어 소독을 한다.

그러고는 옆에서 아이의 치료를 지켜보는 엄마에게 "패혈성 악성 인두염이네요"라고 해보자. 엄마는 무척 좋아한다. 아이 역시 다음번에도 아프면 이 병원을 찾을 것이 분명하다.

그러나 대부분의 병원에서는 "자, 앉아라. 입을 크게 벌려봐.

목이 많이 부었군. 찬바람을 많이 쐬면 이런 병에 걸리는 거야. 너무 나돌아다니면 안 돼" 하면서 무서운 표정을 지으며 주사를 놓아줄 것이다.

의사의 입장에서 당연한 치료 방법이지만 어린 환자의 입장에서 보았을 때는 다르다는 사실을 알아야 한다.

의사나 간호사는 재미있고 유머스럽게 표현하는 방법을 연구해볼 필요가 있다. 명령조의 설명은 환자에게 공포심만 조성할 뿐이다.

고객을 부르는 서비스 Tip

의사나 간호사가 조금만 신경을 쓴다면 재미있는 표현이 얼마든지 있다. 똑같은 말이라도 표현을 어떻게 하느냐에 따라 받아들이는 환자의 감정은 다를 수 있다는 사실을 명심해야 한다. 특히 어린이를 전문적으로 치료하는 소아과 병원이라면 의사나 간호사는 반드시 어린이의 눈높이에 맞추어 설명을 해주어야 한다.

병균은 적으로, 주사는 적들을 섬멸하는 총으로, 약은 쓴 것이 아니라 적들을 섬멸하는 포탄과 같다고 설명을 해보자. 아마 전쟁놀이를 좋아하는 아이라면 무척 즐거워할 것이다. 그리고 덩달아 엄마도 웃겨서 의사의 영원한 팬이 될 수 있다.

당신 발 밑에 황금이 묻혀 있다

어렸을 적 주변 어른들로부터 화교에 대한 이야기를 들어본 기억이 있을 것이다. 화교들은 세계 어디를 가나 열심히 살아 돈을 많이 번다고 한다. 그리고 이들의 돈 버는 이야기가 여러 사람에게 회자되어 전설처럼 내려오고 있다. 또한 자식을 교육시키는 데도 남다르다는 것 역시 이들의 생활방식에서 나오지 않았나 생각된다.

화교 속담 중에 '당신 발 밑에 황금이 묻혀 있다'는 말이 있다. 이 말이 무엇을 의미하는지 잘 생각해보면 금방 알 수 있다. 일단 내가 서 있는 발 밑에 황금이 묻혀 있다면 그냥 지나칠 사람이 과연 몇 명이나 되겠는가.

"무슨 헛소리야. 말이 떨어지기 무섭게 당장 허리를 굽히고 황금을 캐야지. 다른 사람이 황금을 캐기 전에 말이야" 하면서 얼른 허리를 굽혀 황금을 캘 것이다. 바로 이 속담의 뜻은 허리를 굽히면 황금을 캘 수 있다는 말이다. 똑바로 서서는 황금을 주울 수도 캘 수도 없다.

이제 막 개업을 한 개업 의사들이 눈여겨볼 만한 속담이다. 병원 의사나 한의사를 살펴보자. 의사가 아닌 사람의 입장에서 보면 이들은 최고의 엘리트다.

고등학교 때 전교에서 거의 1~2등을 다투던 사람들이 의대에 갔다. 대학도 마찬가지다. 의과대학에 들어가서도 술 마시고 데이트하고 놀 시간이 없다. 매일 경쟁하고 남보다 더 공부해서 일등에 길들여져 있는 사람들 아닌가.

하지만 환자의 입장에서 보면 공부를 잘한 사람도 있겠지만 그렇지 않고 공부도 못하고 잘못해서 교도소도 몇 번 갔다오고 사업에 실패해서 스트레스를 받고 온 환자도 있다. 의사는 이들 모두에게 한결같이 공평무사하게 대해야 한다. '내 말을 잘 들어야지, 몸도 낫고 건강해지는 거야' 라고 생각하면서 자만에 빠지면 수십억 원을 들여 개업을 해도 환자가 늘어나지 않는다.

진료를 받은 환자는 "이 병원 의사는 참 거만해. 알면 얼마나 안다고 나한테 훈계를 하고 그래" 하면서 자신에게 처방을 해준 의사를 비난하고 다시는 그 병원을 방문하지 않는다.

이뿐인가. 이들은 돌아다니면서 의사의 거만한 태도를 욕하며 안 좋은 소문을 퍼뜨린다. 의사를 실력으로 인정해주는 것이 아니라 환자를 대하는 태도를 비방하니 이제 막 개업을 한 병원의 의사로서는 낭패가 이만저만이 아니다.

모든 개업 의사들은 이제부터라도 화교의 속담을 귀담아 들을 필요가 있다. 아니, 직접 실천을 해야 한다. 그러면 분명히 환자가 넘친다. 당장 오늘부터 환자 한 분 한 분에게 머리를 숙여 친절하게 대해보자. 그러면 개업하느라 이곳저곳에서 빌린 돈 갚을 걱정은 하지 않아도 된다. 환자 한 분 한 분이 황금이나 마찬가지기 때문이다. 단, 당신이 황금을 캐기 위해 허리를 굽혔을 때나 가능한 일이다.

고객을 부르는 서비스 Tip

환자를 대하는 태도는 매우 중요하다. 의사가 자신을 낮추어 환자에게 친절하게 다가간다면 환자의 마음을 사로잡을 수 있을 것이다. 환자들이 의사에게서 가장 듣고 싶은 말은 따뜻하고 친절한 말 한마디라고 할 수 있다.

대통령 선거 때 많은 후보자들이 달동네를 찾아가 독거노인이나 장애 어린이를 안고 있는 장면을 텔레비전에서 보았을 것이다. 이런 사람들이 자신을 낮추어 어려운 사람들과 함께하는 모습을 보여주는 것은 많은 유권자들에게 인간적인 따뜻한 이미지를 심어주기 위해서다. 그만큼 사람들은 지위나 명예가 있다고 생각하는 사람이 자신을 낮추는 것을 보면 놀라거나 감동한다.

병원 개업할 때 이렇게 하라

"**야마자키,** 야마자키, 야마자키"라는 구호를 외치며 기모노 복장을 한 20명의 미용사들이 줄을 서서 천천히 걸어가고 있었다. "아니, 무슨 데모를 하나, 아니면 거리에서 공연을 한단 말인가?" 알고 보니 야마자키라는 미용실을 오픈하는데 동네 사람들에게 알리기 위한 행사였다.

정말 특이한 개업 행사다. 기모노 복장을 한 것도 중요하지만 허리춤에는 미용실에서 사용하는 고데기, 드라이어, 머리빗, 파마할 때 사용하는 도구 등을 차고 야마자키라고 외치며 한 손을 불쑥 흔들었다. 그것도 20명의 미용사가 동시에 말이다. 아마 개업식을 위한 행사를 준비하기 위해 며칠 동안 연습을 한 것 같다.

이런 특이한 개업식 덕분에 지금도 그 미장원에는 사람들이 몰린다. 개업식 행사를 손님들이 지금까지 기억하는 모양이다.

병원의 개원은 중요하다. 미용실이야 투자금액이 얼마 되지 않지만 병원은 수억 원에서 수십억 원이 소요될 수 있다. 대학병원은 수백억 원이 든다.

그러나 여기서 말하고자 하는 것은 동네병원의 개원이다. 동네병원은 소리소문 없이 개원하는 경우가 대부분이다. 겨우 아는 사람 몇 명 초대하고 조촐하게 개원 행사를 한다. 그래도 환자들이 많이 몰리니 요란하게 알릴 필요가 없었던 것이다.

그러나 이제는 다르다. 동네병원이 그저 간판만 달고 개원했다가는 환자들이 큰 관심을 갖지 않는다. 왜냐하면 요즘은 동네병원이 이곳저곳에 많기 때문이다. "또 병원이 개업했나. 힘들 텐데"라는 말을 한다. 병원 사정이 예전 같지 않다는 것을 일반 사람들도 잘 알고 있어 걱정이 되어 하는 말이다.

자, 그렇다면 동네병원을 개업할 때 미장원과 같이 해야 한단 말인가? 의사와 간호사들이 주사기나 청진기를 둘러메고 거리를 돌아다니면서 구호를 외치란 말인가? 그것은 아니다. 물론 상황에 따라서는 그런 행사를 할 필요가 있다. 그러나 그런 이벤트에 참가할 의사나 간호사가 있다고 생각하는가. 아마 없다고 본다. 실로 실천하기 힘든 행사다.

그래서 조용하게 개업을 하더라도 분명히 알려야 한다. 동네 주민들한테 말이다. 적어도 건물을 짓거나 임대해서 병원을 개업하는 경우 한 달 전부터 현수막을 걸어놓고 알려야 한다. '2010년 10월 26일 소아과 전문병원 오픈합니다. 최고의 의사진으로 구성되었습니다. 저희 병원은 환자가 고객입니다' 라고 써서 붙여보자. 이런 문구를 써붙인 병원 개업 플랜카드는 지금까지 보지 못했다. 그러나 과감히 해보자. 자존심을 버리고 말이다.

그리고 오픈하기 적어도 한 달 전부터는 교육을 실시해야 한다. 특히 간호사의 친절 서비스 교육은 기본이다. 사전 시나리오를 만들어 별도의 장소에서 교육을 시켜보자. 인사, 예약, 진료, 검사, 유니폼 등 할 것이 많다. 이왕 오픈하는 것 확실하게 동네 주민들한테 우리 병원은 다르다는 것을 보여주자.

또 한 가지는 사전에 충분한 시장조사를 한 후 병원을 오픈하겠지만 개원을 알리는 홍보용 전단지를 만들자. 의사의 약력은 물론이거니와 간호사의 약력까지 철저하게 기입한다. 그리고 첫 장에는 병원장의 인사말도 넣자. 전 직원이 지역 주민을 위해 최선을 다하겠다는 선언문도 삽입하자.

요즘은 알리지 않으면 사람들이 모른다. 개원을 기념해 환자나 주민들을 위해 소소한 투자를 하자. 타월, 건강비누, 치아보호 칫솔, 피부팩, 건강차 등 여러 가지가 있다. 개원하는 날을 기점으로 며칠 동안 지역 주민이나 내방하는 환자들에게 무료로 주자. 라이터나 이상한 물건을 주지 말고 병원을 상징할 수 있는 선물을 준비하자.

그리고 가능하다면 간호사나 원무과 직원을 시켜서 줄 것이 아니라 최고경영자인 병원 CEO가 진료를 하면서 환자들에게 직접 줘보라. 아마 그런 선물을 의사한테 직접 받아본 사람은 지금까지 거의 없을 것이다. 당신이 국내에서 최초일 수도 있다. 그만큼 의사들의 어깨에 힘이 들어갔기 때문에 지금까지 실천하지 못한 것이다.

반드시 원장 의사가 직접 선물을 주고 한마디만 하면 된다. "앞으로 열심히 지역 주민을 위해 봉사하겠습니다. 우리 병원을 많이 이용해주십시오"라는 한마디를 덧붙여보라. 또 한 번 환자들은 놀랄 것이다.

병원을 나서자마자 길에서 만난 친구에게 "방금 저기 개원한 병원에 가보았는데 의사가 얼마나 친절한지 몰라. 자네도 꼭 한 번 가보게나. 다른 병원과는 전혀 달라. 내가 기절할 정도라니까" 하면서 자랑을 할 것이다. 마치 자기만 그런 경험을 한 사람처럼 말이다. 그래서 병원이 번창하고 환자들이 몰리는 것이다.

Part **2**

환자를 기쁘게 하는
서비스는 따로 있다

모든 직원이
서비스 코디네이터

서비스 코디네이터라는 말이 있다. 이 용어가 상징하는 의미와 똑같다. 서비스를 중재해주는 역할을 하는 사람이다. 물건을 중재하는 것도 아니고 값을 흥정하는 것도 아닌 사람 관계에서 특히 친절을 베풀어 상대방을 편안하게 해주는 역할을 하는 사람이다.

서비스 코디네이터가 갖추어야 할 요건은 여러 가지가 있지만 그중에서도 친절이 몸에 배어 있어야 한다. 만약 친절이 몸에 배어 있지 않다면 자격이 없는 것이다. 그러나 부단히 노력하면 누구나 서비스 코디네이터가 될 수 있다.

세계적으로 최고의 놀이공원이라는 디즈니랜드에 가보라. 여기서는 전 직원이 서비스 코디네이터다. 청소하는 사람도 서비스 코디네이터고 사장도 마찬가지다. 모든 직원은 오직 관람객을 위해서만 존재하기 때문이다. 모두 다 관람객의 코드에 맞추어 행동하고 생각한다. 개인에 맞추어 하는 것은 없다.

아무리 직책이 높고 최고책임자라 하더라도 일정 기간은 팝콘 코너에서 팝콘을 팔아야 한다. 최일선에서 관람객을 직접 대하는 일을 경험해보지 않고는 최고책임자 역시 서비스 코디네이터 역할을 할 수 없기 때문에 그런 어려운 경험을 하는 것이다.

명찰도 마찬가지다. '회장님, 사장님' 같은 명찰을 붙이지 않는다. '미스터 김, 미스터 박' 이런 식으로 성만 붙이고 다닌다. 그래야 서비스 코디네이터 역할을 제대로 할 수 있기 때문이다.

한번은 최고책임자가 디즈니랜드의 경영선언문에 위반되는 행위를 해서 직원들로부터 호된 질책을 받았다고 한다. 디즈니랜드에는 회장을 포함한 그 누구도 반드시 유니폼을 입게 되어 있는데 연초에 디즈니랜드를 순시하면서 회장이 그 규칙을 어기는 바람에 직원들이 난리가 났다고 한다. 경영선언문에 나타난 규칙을 회장 스스로 어겼기 때문이다. 그래서 당장 유니폼으로 갈아입고 순시를 했다고 하니 회장 스스로도 서비스 코디네이터 역할을 하기 위해서는 어쩔 수 없었던 모양이다.

자, 그러면 병원의 경우를 살펴보자. 서비스 코디네이터라는 것이 없는 것은 아니다. 요즘은 컨시어지, 병원 코디네이터 등 이름을 그럴싸하게 붙여놓는다. 그러나 서비스 코디네이터라는 사람이 따로 있다고 생각하는 것이 잘못이다.

병원에는 각자 맡은 역할이 따로 있지만, 의사도 서비스 코디네이터이고 간호사도 마찬가지고 원무과 직원, 청소하는 아줌마, 채혈하는 직원, 엑스레이 기사 모두 서비스 코디네이터다. 의사를 포함해 모든 직원이 환자를 관리하고 담당하기 때문이다.

의사는 진찰을 열심히 하는 것이 서비스 코디네이터 역할을 제대로 하는 것이다. 그러나 의사가 환자뿐만 아니라 자신과 함께 팀을 이루고 있는 간호사, 원무과 직원에게도 서비스 코디네이터 역할을 해주어야 한다. 특히 동네병원이라면 의사가 직원들을 환자 고객과 똑같은 차원에서 보아야 한다. 의사가 직접 개원했거나 투자를 해서 원장 겸 사장이라면 말이다.

직원들의 만족은 곧바로 환자들의 만족으로 이어진다는 사실을 명심하자. 이것을 전문용어로는 내부 마케팅이라고 한다. 내부의 직원들이 만족해야 외부의 직원, 즉 환자들이 만족한다는 것이다. 환자의 만족은 직원들의 도움 없이 의사 한 사람만으로는 절대 불가능한 일이다.

의사가 오늘 컨디션이 나쁘다면 분명히 진료를 할 때 그 기분이 환자들에게 전달된다. 마찬가지다. 직원들도 원장의 부당한 대우나 처우, 반말 등의 분위기에 젖어 있다면 기분이 가라앉아 그대로 환자들에게 전달된다. 그러면 서비스 코디네이터 역할을 할 수 없는 것이다.

직원들 역시 마찬가지다. 의사나 주변 사람들에게도 환자를 대하듯 서비스 코디네이터 역할을 해서 서로가 기분 좋아지도록 친절을 베풀어야 한다.

　당장 오늘부터 실천해보자. 의사는 환자와 직원들에게, 직원은 의사와 환자들에게 각자 맡은 역할을 해보자. 그래서 모두가 서비스 코디네이터가 되어야 그 병원이 널리 알려지고 환자들이 줄을 서서 진료를 기다린다.

고객을 부르는 서비스 Tip

　서비스 코디네이터 역할을 제대로 하려면 역할놀이(Role Playing)에 익숙해져야 한다. 평소 시간 나는 대로 직원들과 많은 대화를 나누자. 직원은 의사와 친숙해져야 한다. 그렇다고 함부로 대하라는 것이 아니라 직원들 간에 호흡이 맞아야 한다.

　의사의 눈빛만 바라보아도 의사가 환자에게 무엇을 원하는지 간호사가 알아야 한다. 의사 역시 마찬가지다. 간호사의 눈빛만 보고도 무엇이 불만인지 파악해야 한다. 그저 업무적으로만 상대를 대하면 상대방도 업무적으로 대한다는 사실을 잊지 말아야 한다.

　특히 간호사의 경우 업무적으로 일을 처리하다 보면 인정이 메말라 환자를 상대할 때도 형식적으로만 일을 처리하기 쉽다. "제 소관이 아닙니다", "진료시간이 끝났습니다", "의사에게 물어보세요" 하면서 환자들의 질문에 건성으로 대한다면 환자들은 그 병원을 다시 방문하지 않을 것이다.

 애프터 서비스를 넘어
비포 서비스가 중요한 시대

이제 고객만족의 시대를 넘어 고객기쁨의 시대가 왔다. 아니, 요즘 변화하는 추세로는 이 정도의 서비스로 만족할 수 없다. 고객기쁨을 넘어 고객을 졸도시키는 서비스가 아니고는 서비스 시장에서 성공하기 어렵다.

"고객님, 지난번 타이어 구입한 시점으로부터 5만 킬로미터가 거의 다 되어가는 것 같습니다. 교체할 시기입니다"라는 문자가 운전 중에 날아온다. 바로 2년 전 타이어를 구입한 카센터로부터 말이다.

운전자는 일상생활에 바쁘다 보니 언제 타이어를 구입했는지 모른다. 그리고 정확한 타이어 교체 시기도 모른다.

이런 이유로 인해 가끔 고속도로에서 타이어가 펑크 나 대형 사고로 이어져 사람이 죽기도 한다. 그저 간단하게 타이어 하나

교체했으면 아무 이상이 없었을 텐데 말이다.

요즘은 애프터 서비스(After Service)가 아니라 비포 서비스(Before Service)의 시대라고 할 수 있다. 물건을 구입하고 난 후 제품에 이상이 생겨 소비자가 불평불만을 제기하면 즉각적으로 물건을 교체해주거나 변상해주는 정도의 서비스는 이제 한물 간 서비스다.

한마디로 '애프터 서비스(AS)'로는 이미 늦기 때문에 '비포 서비스(BS)'를 실시한다는 것이다. 비포 서비스를 실시하는 업체들도 다양하다. 전자제품이나 자동차, 보일러, 주방기기 업체는 물론 가구 및 IT 관련 업체에서도 활발히 이루어지고 있다.

당연한 얘기이기는 하지만, BS가 널리 확산되고 있는 이유는 BS를 제공하면 고객의 신뢰가 그만큼 높아져 회사의 이미지도 제고될 뿐 아니라 자사 제품의 재판매로 이어지는 경우가 많기 때문이라고 한다.

물건을 판매한 후 "안녕하세요. 어제 손님께 물건을 판 ○○백화점 ○○○라고 합니다. 구입한 물건은 이상이 없으신지요?"라며 고객이 구입한 물건에 대해 불만을 제기하기도 전에 이상이 있는지 직접 확인하는 비포 서비스의 시대라는 사실을 의사나 원무과 직원, 간호사 등 병원에 종사하는 모든 사람들이 한 번쯤 생각해보아야 한다.

"치료를 해주었으면 됐지. 확인 문자까지 보내라는 거야? 병원을 백화점의 전자제품 코너와 비교하는 것 자체가 웃기는 일이잖아" 하면서 이런 말을 하는 사람에게 핀잔을 줄 것이 분명하다. 아직까지 병원에서 수술이나 치료를 받은 환자에게 "지난번 수술한 허리 통증은 어떠세요? 약은 계속해서 복용하고 계십니까?"라는 식의 비포 서비스를 제대로 실천하는 곳은 거의 없기 때문이다.

큰 수술뿐인가. 감기 정도의 치료도 마찬가지다. 병원에서 조금만 관심을 가지면 환자들은 만족하는 정도가 아니라 감격해서 그 병원에 죽을 때까지 충성한다. 조금만 아파도 그 병원을 찾게 된다. 그리고 여기저기 소문을 낸다. 지금까지 병원을 다니면서 그런 비포 서비스를 한 번도 받아본 적이 없기 때문이다.

"어떠세요? 지난번 치료한 치아는 음식을 먹는 데 지장이 없으신지요?"라고 문자 보내는 치과 의사는 눈을 비벼도 찾아보기 힘들다. "치과 병원에서 무슨 그런 문자를 보내라고 난리야. 병원이 가벼워서는 안 돼" 하면서 목에 힘줄 일이 아니다.

병원 서비스도 변해야 한다. 치과 병원이 동네에 한 곳만 있는가. 여기를 가도 치과, 저기를 가도 치과가 널렸다. 환자에게 가까이 다가가는 치과 병원이야말로 고객을 유치하는 데 문제가 없는 병원이다.

병원에서 이런 비포 서비스를 하지 않는 근본적인 이유는 "우리 병원에서 치료하고 나서 다시 찾아오지 않으면 거의 100% 완치되었다는 뜻이야. 더 이상 관심을 가질 필요가 없지. 아프면 다시 찾아오겠지 뭐" 하는 매너리즘에 빠져 있기 때문이다.

멀리 내다보면 산도 보이고 바다도 보이고, 보이는 물체가 많다. 그저 근시안적으로 환자들을 대하는 것은 서비스가 절대적으로 중요한 요즘 시대에 맞지 않다는 사실을 병원에서는 명심할 필요가 있다.

고객을 부르는 서비스 Tip

대부분의 사람들이 먼저 인사하는 것을 자존심 상한다고 생각하는 것 같다. 낮은 사람이 높은 사람에게 먼저 인사를 하는 것이 예의라고 생각할 수 있다. 그러나 먼저 얼굴을 본 사람이 아는체를 하고 인사를 하는 것이 원칙이다. 보지 않은 사람이 어떻게 인사를 할 수 있단 말인가.

한 번이라도 우리 병원에서 치료를 받은 사람이라면 먼저 치료한 부분이 어떤지 물어보는 인사 정도는 병원 서비스 차원에서 중요한 일이다. 병원이 도산할까봐 걱정할 것이 아니라 수술 후 환자의 상태가 어떤지 먼저 인사하는 서비스를 오늘부터 실천해보자.

환자를 졸도시키는 서비스

요즘은 어디를 가나 서비스에 대해 이야기하는 것을 자주 듣는다. 그리고 대부분의 고객들이 서비스를 아주 중요하게 생각한다. 백화점, 호텔, 식당 어디를 가나 고객은 직원들의 서비스에 대해 평가한다. 물론 마음속으로 하는 평가지만 아주 날카롭게 평가한다.

이제 그저 그런 서비스로는 고객이 만족하지 않는다. 고객은 이미 다른 다양한 곳에서 끝내주는 서비스를 경험했기 때문에 그저 그런 보통의 서비스로는 더 이상 고객의 재방문을 유도해낼 수 없다.

그렇다면 어떤 서비스를 해야 할까? 두말하면 잔소리다. 바로 고객감동을 넘어 고객을 졸도시키는 서비스를 해야 고객이 좋아한다.

병원도 마찬가지다. 병원은 환자들이 드나드는 곳 아닌가. 환자 역시 이제는 고객이라는 개념으로 접근해야 한다. 최소한 호텔 수준은 넘어서야 병원도 살아남을 수 있다.

호텔 수준이란 어떤 서비스를 말하는가. 그에 대한 답을 제시하기 위해 모든 것을 예로 들어 설명할 수는 없지만 한 가지 사례를 들어보겠다.

미국의 한 유명 호텔에서 이런 일이 있었다. 그날따라 비가 무척 많이 내렸다고 한다. 아침부터 내내 비가 내렸으니 얼마나 많은 비가 내렸을지 상상이 갈 것이다.

저녁 9시쯤 아주 캄캄한 밤에 그것도 밖에서는 천둥과 번개가 요란하게 꽝음 소리를 내는데 그 어둠 속을 뚫고 보따리를 안은 채 로비에 들어서는 고객이 있었다. 고객은 보따리를 소중하게 가슴에 안고 프런트를 향해 걸어왔다. 옷은 다 젖었고 얼굴이나 신발은 온통 물에 범벅이 되었다.

호텔 직원이 가까이서 살펴보니 고객은 40대 중반으로 보이는 중년 여성이었다. "방 있나요?"라고 직원에게 물었다. 호텔 직원이 "네, 있습니다"라고 대답하자 고객은 매우 다급한 목소리로 "그럼 빨리 방을 하나 주세요"라고 말했다.

그런데 호텔 직원이 고객이 안고 있는 보따리를 보니 뭔가 보따리 안에서 움직이는 것 같았다. 게다가 보따리 안에서 갑자기 주먹만 한 물체가 튀어나왔다가 다시 보따리 안으로 들어가는 것 아닌가.

이상한 나머지 고객에게 물었다. "죄송합니다만, 보따리 안에 들어 있는 것이 무엇입니까?" 고객은 아무 말도 하지 않으면서 재차 방을 달라고 하자, 직원은 다시 보따리 안에 들어 있는 것이 무엇인지 알려달라고 했다.

그러자 고객은 "죄송합니다만, 이 보따리 안에는 백조 한 마리가 들어 있습니다. 지금 백조가 너무 지쳐서 거동을 할 수가 없습니다"라고 하는 것 아닌가.

직원은 단호하게 "안 됩니다. 호텔 객실 안에는 혐오스러운 동물이나 기타 물건 등을 절대 가지고 들어갈 수 없습니다. 저희 호텔의 규정입니다. 저희 호텔뿐만 아니라 미국의 다른 모든 호텔에서도 이런 혐오스러운 동물은 절대 객실 안에 들일 수가 없습니다"라며 거절했다.

밖에는 계속해서 장대비와 천둥이 내리쳤으며 고객은 애걸하듯 지금 당장 급하니 빨리 방을 달라고 하였다. 직원은 안 된다고 하고 계속 옥신각신하고 있었다.

마침 이 광경을 멀리서 보고 있던 당직 지배인이 다가와서 상황을 수습하려 했으나 역시 보통 문제가 아니었다. 곰곰이 생각하던 당직 지배인은 급기야 "이보게, 객실을 손님에게 제공하게나. 모든 책임은 내가 지겠네. 그리고 이왕이면 백조가 객실에서 자유롭게 놀 수 있도록 욕실에 물을 받아두게" 하며 고객의 요청을 들어주자 고객은 무척 기뻐했다.

나중에 이 고객은 호텔 측에서 자신에게 배려해준 서비스가 너무도 고마워 감사의 말과 함께 이 이야기를 인터넷에 올렸다. 그러자 전 미국에서 많은 사람들이 이 호텔을 방문하였다고 한다. 이 호텔은 백조 한 마리를 욕실에서 놀게 한 일로 일약 유명 호텔이 되었다고 한다.

병원에서 이 정도의 서비스를 하라는 것은 아니다. 병원과 호텔은 분명히 다르다. 그러나 감동 서비스를 넘어 환자를 기절시키는 서비스는 한 번쯤 생각해볼 필요가 있다.

환자가 치료하고 있는 병실에 노크를 하고 들어오는 간호사, 인터폰이 울렸을 때 즉각적으로 환자에게 달려오는 간호사나 의사, 그리고 환자의 식사 상태를 점검하는 간호사, 병실 밖이 시끄러우면 즉시 병실 문을 닫아주는 간호사 등 병원에서 해야 할 서비스는 많이 있다.

이런 서비스를 받은 환자는 만족 차원을 넘어 감동을 할 것이다. 그러나 환자가 감동하는 서비스를 넘어 졸도하는 서비스를 한번 해보자.

나이가 많이 들어 거동이 불편한 환자의 몸을 간호사가 직접 씻겨주는 서비스, 환자가 부르면 언제든지 달려오는 서비스, 수술 전이나 수술 중, 수술 후 상세하게 환자나 환자의 가족에게 설명해주는 서비스, 한 번 다녀간 환자는 끝까지 책임을 지는 끝내기 서비스 등은 감동 차원을 넘어 환자를 기절시키는 서비스라고 해도 과언이 아니다.

그렇다 해도 환자가 애완동물을 좋아한다고 해서 병실에 애완동물을 들여놓는 것은 절대 안 되는 일이다.

사소한 서비스도
소홀히 하지 않는다

고객에게 강한 인상을 심어주어야 오랫동안 고객의 기억에 남는다. 그런 기억을 더듬어 다시 방문하여 연일 고객이 넘치는 호텔, 환자가 넘치는 병원, 승객이 넘치는 항공사가 되는 것이다.

그 유명한 사우스웨스트 항공사가 어떻게 성공을 거둘 수 있었는지 알 만한 사람은 다 알 것이다. 적자에 허덕이던 항공사에 회장으로 취임한 얀 칼슨은 이곳저곳 살펴보다 단순한 문제점을 발견했다.

자신의 항공사인 사우스웨스트 항공사뿐 아니라 전 항공사에서 모든 항공기 내에 근무하는 스튜어디스들이 비상 탈출 요령을 틀에 박힌 방법으로 설명해 비행기에 탑승한 승객들이 전혀 눈길을 주지 않고 있었다.

비상 탈출 요령은 매우 중요한 설명인데도 많은 승객들이 스튜어디스들이 입으로 고무호스를 불면서 설명하는 시간에는 신문이나 잡지를 보지 않으면 눈을 감고 있었다. 그런데도 스튜어디스들은 정해진 프로그램에 따라 비상 탈출 요령을 설명하였다. 승객들이 관심을 갖든 갖지 않든 신경 쓰지 않고 말이다.

이 광경을 목격한 얀 칼슨 회장은 고심 끝에 아이디어를 냈다. 요즘 유행하는 음악에 맞추어 스튜어디스들이 춤을 추면서 비상 탈출 요령을 설명하였더니 많은 승객들이 눈을 번쩍 뜨고 "저 예쁜 스튜어디스들이 춤을 추면서 설명하네. 정말 재미있어. 다음 번에도 이 비행기를 꼭 타야겠어" 하며 박수까지 치면서 좋아하였다.

사우스웨스트 항공사는 이런 사소한 서비스 하나도 놓치지 않고 실천해서 전 세계에서 서비스를 최고 잘하는 항공사로 우뚝서게 된다.

그렇다고 병원에서 간호사나 의사가 춤을 추면서 진료를 하라는 것은 아니다. 병원과 항공사는 절대적으로 다른 환경이니 말이다. 그러나 병원의 환자도 고객, 항공사의 승객도 고객이라고 생각할 때 그 흐름은 똑같다.

병원에 맞게 환자에게 감동을 줄 수 있는 서비스를 연구하면 얼마든지 있다. 주사를 놓을 때도 환자에게 감동을 선사할 수 있다. "아니, 당신 제정신이야? 주사가 얼마나 맞기 싫은데 주사를 놓는 간호사나 환자 모두 좋아할 리가 있겠냐고?"

물론 맞는 말이다. 주사실에 들어가 "나는 주사 맞는 것이 체질입니다. 주사 맞는 것이 너무 좋아요"라면서 주사를 맞는 환자가 있다면 나와보라고 하고 싶다. 그만큼 주사 맞는 것을 환자들은 두려워하고 무서워한다.

그러나 간호사가 조금만 노력하면 환자에게 감동을 줄 수 있다. 대부분의 병원에서는 간호사가 주사를 놓고는 한두 번 엉덩이를 문지른 다음 "자, 주사 맞았으니 싹싹 엉덩이를 문질러주세요" 하면서 주사기를 쓰레기통에 휙 던져버리고는 사라진다. 그러면 환자는 혼자 남아 엉덩이를 비벼대야 한다. 말 그대로 통증을 없애기 위해서 말이다.

그러나 환자에게 기절 서비스를 제공하는 병원이라면 주사기를 휙 던져놓고 나가는 다른 병원과 달라야 한다. 다른 병원에서 한 번 정도 엉덩이를 문질러준다면 이 병원에서는 세 번, 네 번, 아니 여러 번 문질러주어야 환자가 깊은 감동 차원을 넘어 졸도하게 된다.

그러면 주사를 맞고 나와서 "야, 그 병원 끝내준다. 간호사가 주사 놓고는 여러 번 싹싹 주물러주니까 통증이 전혀 없어"라고 말한다.

그 말이 떨어지기가 무섭게 동료들이 "그 병원이 어디야? 우리 가족이 아프면 그 병원에 가야겠어. 내가 다니는 병원은 주사를 얼마나 아프게 놓는지 몰라"라면서 당장 다니던 병원을 옮기겠다고 한다.

환자를 만족시키는 서비스는 멀리 있는 것이 아니라 매일매일 행하는 곳에서 찾아보면 얼마든지 있다. 우선 주사 놓는 것부터 실천해보자.

고객을 부르는 서비스 Tip

'The Moment of Truth(진실의 순간)' 라는 것이 있다. 이는 스페인의 투우사에서 나온 말인데 소의 심장을 겨누어 한 방에 보내, 소를 죽이는 의미이기도 하다. 아주 우람하고 무섭게 보이는 싸움소라 할지라도 투우사가 칼 끝을 정교하고 정확하게 소의 심장을 겨누어 찌르면 그 큰 소도 한 방에 나가떨어진다. 이런 것을 두고 진실의 순간이라고 한다.

병원에서 환자와 의사, 간호사가 만나는 순간도 진실의 순간이라고 할 수 있다. 진실의 순간에 환자를 단 한 번에 제압할 수 있는 것이 무엇인지 깊이 생각해볼 필요가 있다. 원무과 직원과 환자가 만나는 순간, 간호사가 병실에 들어서는 순간, 의사가 환자를 만나는 순간은 모두 진실의 순간이다. 나이 지긋한 할아버지를 보고 의사가 "제 아버님과 많이 닮으셨습니다, 아버님"이라고 말하는 순간 할아버지 환자는 진실의 순간에 제압당하고 만다.

노드스트롬 백화점처럼 환자를 대하라

세계 최고의 서비스를 지향하는 미국의 노드스트롬 백화점에 대해 들어본 적이 있을 것이다. 노드스트롬 백화점은 불황이 없다. 고객 서비스를 잘하기로 전 세계적으로 자타가 인정하는 백화점이기 때문이다.

노드스트롬 백화점의 신화는 그곳에서 20년간 일한 뱃시 샌더스라는 이사가 노드스트롬 백화점의 서비스 실체에 대한 책을 출판한 후 많은 사람들에게 알려졌다. 일반 백화점에서는 꿈도 꾸지 못할, 상상 속에서나 가능한 서비스를 이들은 제공한 것이다. 도대체 어떤 서비스를 제공하는지 노드스트롬 백화점 안으로 들어가 보기로 하자.

한번은 아주 허름한 누더기 옷을 입은 40대 후반으로 보이는 여성이 에스컬레이터를 타고 7층에 있는 최고의 여성 명품점에 들어갔다고 한다. 아마 일반 백화점이었다면 입구에서부터 경비원이 제지했을 정도로 허름한 옷차림이었다. 이 장면은 어느 한인 목사가 아주 가까이서 직접 목격한 것이다.

누더기 옷을 걸친 여성이 명품 코너, 한 벌에 몇 천만 원이 넘는 여성 옷 코너에 들어가자마자 이 옷 저 옷을 바라보더니 옷을 입어보려 했다.

바로 그때였다. 점원이 다가와 누더기 옷을 입은 여성에게 아주 친절한 말투로 "안녕하세요, 옷을 보러 오신 모양이네요? 이 옷도 한번 입어보세요?"라며 바로 옆의 옷을 건네주는 것이 아닌가.

그것이 전부가 아니었다. 누더기 옷을 입은 여성이 이 옷 저 옷을 입어보자 점원이 거울 가까이에 모시고 가서는 모자까지 씌워주며 "모자와 옷이 정말 잘 어울립니다"라면서 칭찬까지 하는 것이었다.

실로 놀라운 장면이었다. 어떻게 거지에게 이런 옷을 입게 하는지 한인 목사는 깜짝 놀랐다고 한다. 거지 여성은 이 옷 저 옷을 입어보고는 옷을 구입하지 않고 매장을 나갔다. 점원은 친절하게 "다음에 또 오십시오" 하더라는 것이다. 정말 놀라운 일이 아닐 수 없다.

병원을 살펴보자. 물론 병원과 백화점은 다르다. 추구하는 목적도 다르고 고객도 다르다. 백화점에서는 고객이라고 부르고 병원에서는 환자라고 부른다. 그러나 둘 다 넓은 범위로 보면 고객이라고 말할 수 있다. 치료하는 환자 고객, 옷을 구입하는 고객 말이다.

그러나 병원에서는 사람에 따라 차별하는 경우를 종종 목격할 수 있다. 우선 환자의 옷차림이 허름해 보이면 "별로 잘나가는 환자가 아니군. 돈이 없겠어" 하면서 자칫 차별할 수 있다. 병원에 근무하는 직원이나 담당 의사들은 '지금 차고 있는 시계가 500만 원짜리 시계네. 가방은 몇 백만 원짜리이고……' 하면서 조금 전에 값싼 비닐 가방을 들고 온 환자와 마음속으로 비교를 한다.

이처럼 돈이 있어 보이는 환자에게 더 친절하고, 그렇지 않은 환자나 가족에게는 불친절하게 대하지는 않는지 곰곰이 생각해 보아야 한다.

환자가 차별받는다고 생각하면 그것보다 더 화나는 일은 없다. '뭐야, 내가 허름한 차림이라고 나를 무시하는 거야? 내가 먼저 왔는데 왜 저 환자부터 먼저 진료를 하는 거야' 하면서 진료 순서가 바뀌는 것에 대해 마음속으로 이를 갈고 있다는 사실을 명심하자. 단지 표현을 하지 않을 뿐이다.

병원에서 노드스트롬 백화점처럼 서비스하지 말라는 법은 없다. 노드스트롬 백화점에서 고객을 대하는 것처럼 병원의 환자 한 사람 한 사람에게 친절하게 대한다면 그 병원은 국내 최고의 서비스를 제공하는 병원으로 거듭날 것이다.

그리고 사람들마다 "그 병원에 가면 누구든지 왕처럼 대해줘.

간호사나 의사, 원무과 직원들이 입구에서부터 환자를 대하는 태도가 노드스트롬 백화점에 온 것 같은 기분이 들 정도야" 하면서 소문을 낼 것이 분명하다.

고객을 부르는 서비스 Tip

　병원을 찾는 환자 역시 백화점이나 호텔을 찾는 고객만큼 이나 다양하다. 그러나 어떤 형태의 고객이든 고객들이 공통 적으로 가장 싫어하는 것은 차별 대우다.

　고객에게 '가장 화나는 일이 무엇인가?'라고 묻는다면 차 별받는 것이라고 대답할 것이 분명하다. 음식점을 가보아도 먼저 왔음에도 값이 저렴한 음식을 주문했다고 해서 순서가 바뀌면 이보다 더 열받는 일은 없다. 병원에서 순서를 바꿔 진료한다면 환자의 입장에서는 '여기까지 와서 차별을 받아야 하다니'라면서 분개할 수 있다.

# 대기시간이 지루하지
않도록 식인상어까지 등장

사람들은 어디를 가나 기다리는 데 넌더리가 난다. 음식을 먹기 위해 기다려야 하고 차를 타기 위해 기다려야 한다. 이뿐인가. 배가 아파 진료를 받기 위해 병원에 가도 한참을 기다려야 한다.

이제는 기다리는 것이 오히려 유명세를 탄다고 일부러 고객을 기다리게 하여 "우리 식당에 오면 반드시 30분을 기다려야 합니다" 하면서 자랑하는 음식점도 있다. 이렇듯 고객을 기다리게 하면 영업이 잘되는 유명한 집으로 보일 거라고 착각한다. 그러나 사실은 전혀 그렇지 않다. 기다리는 것을 좋아하는 고객은 한 명도 없다. 어쩔 수 없어 기다릴 뿐이다.

이런 기다림의 지루함을 한 방에 날려버린 호텔이 있어 소개하고자 한다.

호텔에 들어서는 순간, 로비에 어마어마하게 큰 수족관이 보인다. 수족관 안에는 사람을 잡아 먹는다는 무서운 식인상어 한 마리가 로비에서 서성거리는 사람들을 향해 눈을 부라리고 있다.

　이 모습은 체크인을 하기 위해 기다리는 고객의 간담을 서늘하게 하여 기다리는 지루함을 덜어준다. 오히려 자신이 기다리고 있는지조차 인식하지 못한다. 수족관 안의 식인상어에 너무 몰두해 있기 때문이다.

　이런 방식으로 고객의 기다림을 완전히 해소한 호텔이 있다는 사실을 주목하자. 뿐만 아니라 어느 호텔에서는 고객이 줄을 서서 기다리는 동안 마술쇼를 보여주어 기다림의 지루함을 달래주기도 한다. 고객은 마술쇼에 빠져 지루하지 않게 기다릴 수 있다.

　병원의 경우를 살펴보자. 병원에서는 이제 로비를 하나의 치유공간으로도 생각해보아야 한다. 환자가 문을 열고 들어서는 순간 병원 로비를 보고 판단한다. "흠, 이 병원의 서비스 수준을 알 수 있겠군." 이처럼 로비가 병원 서비스 기준이 될 수도 있다.

　이제 병원에 가서 기다리는 것은 일상생활처럼 되었다. 그래서 병원에 가기도 전에 "대학병원은 적어도 한두 시간은 기본으로 기다려야 내 차례가 돌아온다"고 하면서 기다리는 것이 당연시되고 있다. 그렇다 보니 규모가 큰 병원은 마치 기다리는 것이 유명세와 상관관계가 있는 것처럼 생각하고 환자들을 기다리게 하는 것에 대해 무감각하다.

그러나 대형 병원 수가 늘어나고 외국에서 유명 병원이 속속 한국에 상륙하는 마당에 더 이상 환자를 기다리게 하는 것은 환자인 고객을 빼앗기는 결과를 초래한다는 사실을 명심해야 한다.

병원에서는 환자들을 기다리게 하지 않는 방법을 연구할 필요가 있다. 만약 어쩔 수 없이 기다리게 한다면 환자가 지루하지 않도록 아이디어를 고안해서 즉시 실천에 옮겨야 할 것이다.

그래서 병원 연구로 유명한 맬킨(Malkin)은 병원 로비를 병원이 주는 심리적인 부담감을 주지 않고 오히려 질병 치유에 도움을 줄 수 있는 '치유의 장소'로 만들어야 한다고 주장하였다.

또한 노구치 데쓰히데(《병의원 건축과 리노베이션》, 한국의료컨설팅, 2001, p. 208)는 로비의 가장 중요한 기능이 환자에게 병원을 안내하는 기능이라고 설명하였으며, 로비에는 안내문과 각종 고시를 위한 게시판이 필요하고 진료과목이 많을 경우에는 안내계를 설치해야 한다고 주장하였다.

로비 공간에서 특이하게 이벤트를 하는 병원도 있다. 예를 들면 강남에 있는 Y병원에서는 척추질환 환자의 활동을 유도해 적극적으로 치료에 임할 수 있도록 하는 인터액티브 뮤직 퍼포먼스를 펼쳤다. 환자가 악기를 치면서 연주를 하면 뮤직 테라피스트가 이를 음악으로 만들고 이 음악에 맞추어 환자가 그린 그림을 테라피스트가 하나의 그림으로 완성한다.

충남에 있는 D병원에서는 병원 로비에서 소아암 환자들에게 사랑과 희망을 전하기 위해 '소아암 어린이를 위한 들꽃 사진전'

을 전시하기도 했다. 경기도에 있는 B병원에서는 환자, 보호자, 병원 관계자, 지역 주민까지 포함해서 유명 피아노 연주회가 개최되어 환자들로부터 좋은 호응을 얻었다. 또 다른 병원에서는 '별밤 잔치'를 열어 입원 환자, 지역 주민 수백 명이 모여 망원경으로 밤의 정취를 즐겼다.

외국 병원이 들어오면 이런 기다림에 대해 철저하게 연구를 할 것이다. 한국 사람의 특성상 성격이 급해 조금만 기다려도 화내는 것을 외국 병원들은 방관하지 않을 것이 분명하다.

병원에서 기다리는 동안 간호사나 의사가 직접 환자의 증세에 대해 짧은 시간이라도 상담을 한다면 이 역시 좋은 아이디어가 될 수 있다. 별도의 전담반을 구성하여 가칭 '진료도우미'라는 명찰을 달고 기다리는 환자에게 설명을 해줄 필요가 있다.

내과, 외과, 이비인후과, 가정의학과 등 수십 개의 진료과에 각 과별로 배치한다. 대학병원의 경우 진료과 대부분이 기다리는 것을 감안할 때 진료도우미의 역할은 매우 중요하다. 이들의 하루 일과는 기다리는 환자만 상대하는 것이다.

그리고 이제는 병원도 호텔과 마찬가지로 재미를 줄 수 있는 공간을 마련할 필요가 있다. 기다림의 지루함을 달래기 위해 호텔 로비처럼 식인상어 수족관을 설치할 수도 있겠지만 뭔가 특색 있고 환자들이 즐거울 수 있는 아이디어를 창안해야 할 것이다. 병원 로비에서 음악회도 개최하고 시 낭송회, 문학 발표회, 유명 작가 초청 사인회 및 특강, 그림 전시회, 난 전시회, 조각 전시회를 하는 등 수없이 많다.

　뿐만 아니라 기다림의 지루함을 없애기 위해 대형마트나 음악 앨범 판매장에서 볼 수 있는 것처럼 음악을 마음껏 들을 수 있는 공간을 로비 한쪽 구석에 설치한다면 좋을 것이다. 음악으로 병을 치료하기도 한다니 환자는 치유 효과도 기대할 수 있고 기다림의 지루함에서 빠져나올 수 있다. 어린이들이 줄 서서 기다리는 소아과의 경우 게임도구와 만화책은 필수로 비치해두자.

고객을 부르는 서비스 Tip

　환자를 기다리게 하는 것은 서비스 차원에서 나쁜 영향을 미칠 수 있다. 병원에서는 각 진료과별로 매일매일 평균을 내어 기다리는 환자가 얼마나 되는지 파악할 필요가 있다. 기다리는 환자가 많은 곳에는 진료도우미를 적극적으로 파견하여 환자의 불만을 최소화할 필요가 있다.

　환자들이 즐거워할 수 있는 테마 이벤트를 마련해놓고, 기다리는 환자에게 손에 쥐고 다닐 수 있는 팔찌와 유사한 것을 주어 로비에서 즐거운 음악을 듣거나 마술쇼를 보면서도 진료 순번이 다가오면 손목에 진동이 울려 자신의 차례를 알 수 있는 도구를 개발해보자. 아마 인기가 끝내줄 것이다.

# VVIP는 **특별히** 모셔라

"**고객은** 언제나 정당하다"라는 말은 13살 때 호텔 벨맨으로 시작해 나중에는 객실이 무려 4만 개가 넘는 호텔을 소유한 사람이 한 말이다.

물론 한 호텔의 객실이 4만 개는 아니고 자신이 소유한 호텔의 모든 객실을 합쳐보니 4만 개라고 한다. 특급 호텔의 객실 수가 300실 정도 된다고 볼 때 스태틀러가 소유한 호텔은 족히 130개가 넘는다는 말이다. 그러니 가히 그의 경영능력을 짐작할 수 있지 않겠는가.

그는 자신의 호텔을 방문한 고객이라면 고객이 어떤 행위나 행동을 하더라도 정당하다는 논리를 직원들에게 주지시켜 직원들이 고객을 신처럼 모시도록 한 사람이다. 그래서 그가 운영하는 호텔에는 고객이 늘 줄을 서서 기다려야만 했다.

병원에서 호텔처럼 환자가 한 행동은 무조건 정당하다는 논리를 펼쳐 직원들이 환자를 신처럼 대하도록 할 수 있을까? 실로 불가능한 일이다.

아마 호텔왕 스태틀러도 지금 호텔을 운영한다면 모든 고객이 정당하다고 할 수 없을 것이다. 객실 요금을 지불하지 않고 야밤에 몰래 도망가는 고객이 있는가 하면, 객실 내에 비치되어 있는 타월, 샴푸, 구두주걱, 심지어는 헤어드라이어까지 가방에 넣어 가지고 가는 경우도 있으니 이런 고객이 정당하다는 논리를 펼치지는 못할 것이다.

이뿐인가. 강남의 유명 호텔 레스토랑에서 아주 점잖고 돈도 많은 중년 부인이 식사를 하면서 포크나 나이프 등 값비싼 레스토랑 물품을 핸드백에 넣어 가기도 한다.

그래서 이제는 고객도 고객 나름이다. 1박에 10만 원을 내고 객실에 묵는 고객과 1박에 100만 원을 내고 투숙하는 고객은 분명히 다르게 서비스를 해야 할 것이다. 이런 고객을 VVIP 고객이라고 한다. 영어로 풀어 쓰면 Very Very Important Person이라고 한다. 매우 매우 중요한 사람이라는 의미다.

병원도 예외는 아니다. 6인실과 1인실, 특실에 따라 호텔과 마찬가지로 환자인 고객을 달리 대해야 한다. 그렇다고 차별을 하라는 의미가 아니라 제대로 서비스를 해야 한다는 의미다. 적어도 VVIP 환자라면 병원에서 등록절차 필요 없이 이름만 대도 모든 준비가 끝나야 한다. 이들에게는 무료로 정기검진을 할 수 있는 파격적인 대우도 해주어야 한다. 그리고 언제 어느 시점에서, 심지어는 퇴원해서도 병원에 주차를 한다면 무료로 하도록 한다.

이들에게는 평생 병원에서 이용할 수 있는 VVIP증을 발행해주어야 한다. 이 증만 보이면 모든 것을 무사통과하는 것이다. 줄을 서서 기다려 피를 뽑게 해서도 안 된다. 별도의 간호사를 배치해서 안락의자에 앉아 피 검사가 이루어지도록 한다. 이들이 투숙하는 병실에는 항상 꽃과 과일, 그밖에 병실에서 제공할 수 있는 각종 서비스를 무료로 제공해준다.

그리고 이들에게는 주치의 개념의 의사가 직접 정기적으로 전화를 해서 건강관리를 해주도록 한다. "요즘 건강은 어떻습니까? 지난번 신장 이식한 후로 건강에 이상 징후는 없으신지요?"라는 식으로 의사가 직접 VVIP 환자인 고객을 챙겨야 한다.

이들을 잘 관리하면 입소문을 내어 다른 사람들을 추천해주기도 한다. 자신이 병원에서 받는 대우를 은근히 주변 사람들에게 자랑하면서 병원 홍보대사 역할도 한다는 사실을 명심하자. 이뿐인가. 병원에서 환자들을 돕는 캠페인을 펼치면 이들은 한 번에 수천만 원, 수억 원을 기부할 수도 있다. 병원에서 돈 조금 절약한다고 VVIP 환자를 우습게 관리해서는 안 된다.

동네병원도 마찬가지다. VVIP 환자가 대학병원이나 대형 병원에만 있는 것은 아니다. 동네의 치과 병원에도 얼마든지 VVIP 환자가 있다.

일본의 유명한 시시엔 여관은 150년의 전통을 자랑하는 여관이다. 할아버지, 아들, 손자가 대를 이어 계속 시시엔 여관을 찾는다고 한다. 한 사람의 VVIP 고객을 잘 관리하면 이처럼 3대가 찾아온다.

고객을 부르는 서비스 Tip

호텔에서는 VVIP 고객을 관리하면서 10%, 20%, 30% 등 VVIP 고객의 등급에 따라 할인을 해주기도 한다. 그리고 이들에게는 VVIP 등록증을 발행해주어 커피숍이나 식당에서 간단한 식사를 하는 경우 무료로 제공해준다. 그리고 언제 어느 장소에서 호텔 예약을 해도, 심지어 최성수기라도 객실 예약이 가능하도록 한다. 물론 이들이 사용하는 객실이 1년에 상당수일 때 가능한 일이다.

또 한 가지는 이들이 소개해주는 고객에 한해서도 파격적인 서비스가 이루어진다. 객실 요금과 식음료 요금을 할인해주는 것이다. 이들로 인해 부가적으로 VVIP 고객이 늘어나기 때문이다. 1박에 10만 원 하는 객실에 투숙하는 고객이 10명 와야 1박에 100만 원 하는 고객과 동일하다는 의미다. 그러나 면밀히 따져보라. 10명의 고객과 1명의 고객이 호텔에서 사용하는 비용도 다르다는 사실을 명심하자. 병원에서는 오늘부터 VVIP 명단을 작성해서 자신의 병원에 맞는 VVIP 환자 예우에 대해 심도 있게 논의해보자.

# 병원은 늘 청결하게 관리한다

"**아니,** 저 사람 구두가 왜 저래? 지금까지 살아오면서 저렇게 광이 나서 번쩍거리는 구두는 처음 보네" 하면서 보험회사 직원이 신고 온 구두를 보고 깜짝 놀랐다. 보험회사 직원의 얼굴은 그저 그렇게 평범하게 생겼는데 신고 있는 구두를 보는 순간 "대단한 사람이군" 하는 감탄의 말이 저절로 나온다.

이 보험회사 직원은 고객과 첫 대면할 때 대부분의 사람들이 시큰둥한 반응을 보이지만 구두를 보는 순간 자신의 못생긴 얼굴을 다시 한 번 쳐다본다고 한다. 그래서 대화가 이루어져 보험계약을 체결하는 경우도 있다고 하니 그냥 지나칠 이야기는 아닌 것 같다.

음식점도 마찬가지다. 음식을 먹기 위해 의자에 앉는 순간, 테이블 위에 놓여 있는 기물이 무척 깨끗해서 놀라는 경우도 있다. 식기, 수저 등이 광이 번쩍번쩍 나면 '이 음식점은 청결이 끝내주는군. 이 정도 음식점이라면 맛도 기가 막힐 거야'라고 생각한다는 것이다.

병원도 마찬가지다. 의사가 진료하는 진료실을 가만히 들여다보자.

쓰레기통 부근에는 지저분한 화장지가 널려 있다. 의사가 입고 있는 가운은 언제 세탁했는지 모르겠다. 때가 묻어 목 부위가 새까맣다. 언제 가운을 갈아입었는지도 모르겠다. 일주일 전에 입고 있던 가운을 그대로 입고 있는 의사도 보았다.

바닥에는 얼룩이 딱지가 되어 앉아 있다. 어디 이뿐인가. 신고 있는 구두는 파리가 날아와서 집을 짓고도 남겠다. 언제 구두를 닦았는지 모르겠다. 색깔이 바랜 구두를 신고 있는 의사도 보았다. 그리고 골프책이나 간혹 만화책이 책상 위에 있는 것도 보았다. 책상 위는 너저분해서 머리가 아플 정도다.

옆에 있는 간호사를 살펴보자. 당연히 깨끗한 유니폼을 입고 있어야 하는데도 어지러울 정도로 구겨져 있다. 입구의 현관문은 언제 청소했는지 모를 정도로 환자들의 손자국이 널려 있다. 비라도 오면 우중충해서 환자들의 기분이 을씨년스럽다.

원무과 직원들이 있는 책상 밑을 보았더니 기절하겠다. 쓰레기통에는 각종 먹다 남은 쓰레기들이 꽉 차 있다. 언제 쓰레기통을 비웠는지 모를 정도로 쓰레기가 넘친다. 원무과 벽에 붙어 있는 액자는 먼지가 꽉 차 있어 언제 청소를 했는지 모르겠다.

이처럼 환자가 병원에 온 것인지 공장에 온 것인지 구분이 안 가는 동네병원도 많이 있다. 천장과 바닥은 얼마나 오랫동안 청소를 하지 않았는지 모를 정도로 더럽다. 심지어 병원을 개업한 이후 지금까지 청소를 한 번도 안 한 것 같다.

"환자의 진료가 중요하지 그런 것이 뭐가 중요하다고 그래"라고 반박할 수도 있다. 그러나 청결은 위생은 물론 사람의 기분도 좋게 하는 것이다.

병원에 들어서는 순간 꽃향기가 난다면 환자의 마음은 한층 더 부드러워진다. 그리고 환자들이 병원 직원들을 대하는 태도도 달라진다는 사실을 명심하자.

무엇보다 청결은 건강에도 영향을 끼치는 것이니 병을 치료하는 병원은 당연히 깨끗해야 한다고 환자들은 생각한다. 이런 생각을 갖고 병원을 찾았는데 지저분하다면 다시는 그 병원에 가지 않을 것이다.

단순한 감기나 목이 아파 병원을 찾을 때 대부분의 환자들은 의사가 유명한 병원을 선호하기도 하지만 병원의 분위기를 많이 본다.

"그 병원에 갔더니 의사가 정말 멋있더라. 간호사가 입고 있는 가운도 깨끗하고. 그리고 병원을 들어서는 순간 바닥을 한번 보라고. 얼마나 깨끗한지 말이야" 하면서 좋아한다. 특히 동네병원은 청결을 가장 우선시 해서 매일 일정 시간을 정해 청소하는 것을 게을리하지 않아야 한다.

고객을 부르는 서비스 Tip

병원 직원들에게 매일 관심을 갖고 청소하라고 하면 잘 지켜지지 않는다. 의사가 화분을 가져와 간호사나 원무과 직원에게 잘 관리하라고 지시하면 며칠이 못 가 그만 화분의 꽃이 시들어버린다. 과연 누구의 책임인가. 누군가 아침에 물 한 컵만 주었어도 꽃은 죽지 않았을 것이다. 공동책임은 무책임이라는 것은 바로 이런 것을 두고 하는 말이다. 가장 큰 책임은 의사에게 있다. 처음부터 확실하게 화분에 물을 줄 직원을 선정해놓지 않은 것이 문제다.

그래서 청소하는 것도 정해서 시스템적으로 움직여야 한다. 월요일은 바닥 청소를 하는 날, 화요일은 화장실 청소하는 날, 수요일은 화분 정리하는 날, 목요일은 신고 있는 신발을 점검하는 날, 금요일은 데스크 안쪽과 테이블을 깨끗하게 청소하는 날 등을 정해서 의사가 진료하는 진료실, 원무과 직원의 테이블, 간호사실, 엑스레이 검사실 등에 부착하여 그날에 정한 것은 반드시 행하도록 한다.

청소는 모든 업무의 기본이라는 사실을 명심하자. 가끔 병원에서 환자가 바뀌어 잘못 치료하는 경우도 있다. 배가 아픈 환자와 머리가 아픈 환자가 바뀌어 수술을 해서 큰 낭패를 보는 경우도 보았다. 원인은 바로 주변 정리가 안 되기 때문에 이런 현상이 발생하는 것이다.

화내는 환자 달래는 방법

서비스 업종인 호텔에서 근무하다 보면 다양한 유형의 고객을 만날 수 있다. 분명히 어제 저녁에 아무 이상 없이 잠을 잘 잔 고객이 프런트 데스크에 내려와 방이 추워서 도저히 잠을 잘 수 없었다고 하면서 객실 요금을 환불해달라고 난리다.

음식을 잘 먹고는 음식에서 머리카락이 나왔다며 욕지거리를 하는 고객도 있다. 크리스마스이브에 나이트 클럽에 가서 부킹을 하다가 잘 안 되니까 괜스레 호텔 직원한테 성질을 내는 고객도 있다. 고객은 언제나 정당하다고 하지만 이런 유형의 고객을 마주칠 때면 직원의 입장에서도 참는 데 한계가 있다.

자칫 화난 고객을 달래다가 직원과 고객이 서로 싸우는 경우도 자주 있다.

한 호텔에서 이런 일이 있었다. 호텔 도어맨으로 근무하는 직원이 있었는데 그는 호텔에서 일한 지 1년이 채 안 되는 젊은 청년이었다.

어느 크리스마스이브 아침 11시쯤 되었을까. 그날따라 눈이 많이 왔다. 잠시 후 고급 외제 승용차를 몰고 호텔 입구에 도착한 고객은 30대 후반쯤으로 보이는 여성이었다. 조수석에는 초등학교 4학년인 딸을 태우고 있었다.

도어맨이 평소와 마찬가지로 운전자에게 깍듯이 인사를 하고 키를 건네받으려는 순간, 고급 승용차를 몰고 온 여자는 "저 사람 좀 봐라. 네가 공부도 열심히 안 하고 매일 잠만 자면 나중에 커서 저 사람과 같이 눈 오는 날 고생하는 거야. 앞으로 저 사람같이 되지 않으려면 열심히 공부를 해야 돼"라고 도어맨을 가리키며 딸에게 나무라는 듯 얘기를 하더라는 것이다.

그 말을 듣고 있던 도어맨은 특이한 고객도 있다고 생각하고 그래도 웃으면서 차 열쇠를 건네받았다고 한다. 그런데 운전자가 딸한테 "이 다음에 커서 결혼할 때 저런 일을 하는 사람을 만나면 인생이 끝날 수도 있어"라고 말하자 그만 화를 참지 못하고 대들었다고 한다.

그러자 운전자는 자신이 한 말이 잘못되었는지조차 모른 채 오히려 자신에게 항의하는 도어맨에게 큰소리를 치면서 불만을 제기하더라는 것이다.

도어맨과 운전자가 서로 말싸움을 하면서 옥신각신하자 이 광경을 멀리서 본 지배인이 다가와 이야기를 듣고는 오히려 도어맨에게 사과하라고 했다. 젊은 도어맨은 기가 막힌 노릇이라고 생각하고는 이내 그 자리에서 자동차 열쇠를 내던지고 호텔을 그만두었다.

분명히 고객이 잘못한 것이다. 말을 함부로 하는 여자가 잘못해도 한참 잘못한 것이다. 그러나 고객은 여러 가지 유형이 있다는 사실을 인지하면 그냥 웃고 넘어가도 될 일이다. 특히 서비스 업종에서 근무하다 보면 이런 일 저런 일이 자주 발생한다. 그럴 때마다 손님과 말다툼을 해서는 절대 일을 할 수 없다.

병원도 마찬가지다. 매일 병원에는 환자들로 북적댄다. 환자 중에는 신경질적인 반응을 보이는 사람도 상당수 있다. 뭔가 조금만 신경 건드리는 말을 하면 버럭 화를 내면서 병원장을 불러오라고 하든가, 아니면 심한 욕지거리를 한다. 호텔 도어맨과 같이 인격적으로 큰 모욕을 당하다 보면 자신도 모르게 환자와 말다툼을 벌일 수 있다.

이럴수록 이성을 찾아야 한다. 그리고 환자와 그런 말다툼을 할 때는 주변 동료들이 빨리 데리고 가야 한다. 이런 환자는 대부분 주변에 사람들이 많이 모여 있으면 더 기세등등하다는 사실을 알아두자.

환자 고객이 신경질을 내고 소리를 지르면 빨리 조용한 곳으로 데리고 가서 안정을 시켜야 한다. 그리고 계속해서 들어주어야 한다. 논쟁을 한 직원과는 환자가 안정을 찾은 다음 대화를 하도록 한다. 화를 내고 있는 환자는 새로운 직원이 처음부터 천천히 말을 들어주면서 진정시켜야 한다.

화난 환자의 말에 "맞습니다. 알겠습니다. 들어보니 환자님의 말에 일리가 있습니다" 하면서 동조하는 말을 하면 이내 수그러들어 안정을 찾는 경우가 많다.

고객은 아주 사소한 것 때문에 화가 났을 수 있다. 특히 직원들의 기분 나쁜 말 때문에 화를 내는 경우가 많다. 일을 처리하는 과정에서 직원들의 고압적인 자세나 태도에 열이 받아 화를 내는 것이다. 그래서 화난 환자를 다스리려면 빨리 조용한 곳으로 데려가서 무조건 들어주어야 한다.

고객을 부르는 서비스 Tip

고객이 아무 말 하지 않는다고 화가 나지 않은 것은 아니다. 말이 없는 고객보다는 말이 많은 고객이 상대하기가 훨씬 더 쉽다. 말이 많고 쉽게 화내는 고객을 잘 관리하면 오히려 충성고객으로 바꾸기가 쉽다.

말이 없는 고객은 항상 조심해서 관리해야 한다. 자신에게 나쁜 태도를 보여주었는데도 표정으로 웃는 고객은 영원히 재방문하지 않을 수 있다.

## Part 3

호텔식 감동 서비스가
병원을 바꾼다

환자들이 제기하는 가장 큰 불만사항

몇 년 전에 한국소비자보호원에서 서울과 전국 6대 광역시의 종합전문요양기관(3차 병원) 이용 소비자를 대상으로 설문조사를 실시하였다. 여기에서 나온 결과를 알면 병원에서 환자를 위한 서비스를 어떻게 해야 할지 알 수 있다.

중복 검사에 대한 소비자 불만

동일 질병을 치료하는 데 두 번째 이상 방문한 병원에서 중복 검사를 하였다는 답이 54.6%였고, 중복 검사 시 의사가 재검사의 필요성을 설명하여 동의 또는 본인이 재검사를 요구한 경우가 67.0%, 의사가 어떤 설명도 없이 임의적으로 검사한 경우가 30.0%라고 한다.

동일 질병에 대해 중복 검사를 하였다는 것은 환자에게 비용적인 부담뿐 아니라 심리적으로도 부담을 주었다고 할 수 있다. 현재 법적으로 소비자의 진료기록 사본 교부 요구권이 있고 병원 간 환자에 대한 기록이나 임상소견서 등을 공유할 수 있음에도 제대로 이루어지지 않아 환자들에게 큰 부담을 주고 있다.

향후 이런 문제점을 해소하여 동일 질병에 대해 중복 검사를 하는 이유를 환자 고객에게 정확하게 설명해주거나 반복적인 검사는 하지 않는 방향으로 모색해보아야 할 것이다.

상급 병실 이용에 따른 병실료 부담에 대한 불만

소비자보호원 조사 결과 입원 환자의 51.3%가 최초 입원 시 자신이 원하지 않은 병실을 배정받은 것으로 나타났다. 대부분의 환자들이 자신의 의사와 관계없이 상급 병실료를 부담하고 있었으며 이는 환자들의 불만이 되고 있다.

예약자도 예약시간에 진료받지 못하고 평균 34분 대기해 불만

조사 결과에 따르면 사전에 예약을 하고도 평균 34.5분을 대기하였고, 당일 신청자는 평균 57.6분을 기다렸다고 한다. 예약을 한 예약자의 불만을 해소하기 위해서는 의사의 진료시간을 평균적으로 합산하여 환자가 기다리지 않도록 해야 할 것이다.

주차료, 환자식 등 진료외적 부가 서비스에 대한 불만

설문 대상자 중 90.0%가 한 가지 이상의 부가 서비스에 대해 불만을 느낀 경험이 있다고 응답했다. 주차 서비스 및 환자식의 가격과 품질, 병실의 간호 등에 대한 불만이 높은 것으로 나타났다.

병원에서는 환자들의 불만을 해소하기 위해 지속적으로 불만사항이 무엇인지 알아야 한다. 가장 좋은 방법은 병원 자체적으로 환자 만족도 조사를 실시해 불평·불만사항을 최소화하는 노력을 기울여야 할 것이다.

환자들의 중복 검사, 주차료 징수, 예약 환자의 대기시간, 환자식에 대한 불만 등을 어느 병원에서 선구자적 정신으로 먼저 해결한다면 국내 최고의 서비스 병원으로 거듭날 것이 분명하다.

고객을 부르는 서비스 Tip

설문조사는 환자를 대상으로 불만요소가 무엇인지 아는 것이 중요하다. 그리고 직원들을 대상으로 이달에 가장 친절한 직원을 선발해서 각 부서별로 사진과 함께 게시하자.

조금이라도 환자로부터 칭찬을 들었다면 한 달에 한 번 자료를 모아 병원 자체적으로 홍보를 하자. 친절한 직원이나 불만요인에 대해서는 직원뿐 아니라 환자인 고객에게도 과감하게 알리자. 친절왕만 알릴 것이 아니라 이달 우리 병원에서 개선된 사항에 대해서도 환자들에게 알려주자. 그리고 환자들이 불만을 제기한 문제에 대해 처방을 하였다면 이 역시 환자들에게 알리자.

 # 환자의 심리를 파악하라

환자의 심리를 파악하는 것이 무엇보다 중요하다. 환자의 현재 상태가 어떤지 알아야 제대로 된 처방은 물론이고 환자를 만족시킬 수 있다. 그래서 필요한 것이 환자도 소비자기 때문에 소비자의 심리를 알아야 한다는 것이다.

소비자 태도에 영향을 미치는 요인은 여러 가지가 있다. 특히 소비자가 그 대상물에 관여하는 관여도(involvement)에 따라 소비자의 태도가 달라진다.

예를 들어 설명하자면 제품을 선택하는 데도 느낌(feel) 성향이 강한 것이 있는가 하면, 생각(think) 성향이 강한 제품이 있다. 생각 성향이면서 소비자의 관여도가 높은 제품은 소비자가 인지적 노력을 들여 구매하는 제품으로 컴퓨터, 침대, 가전제품 등이다. 이들 제품은 구체적이고 상세한 정보가 요구되는 상품이다. 주로 실용적인 제품이라고 보면 된다.

그러나 이와는 달리 느낌 성향이면서 소비자의 관여도가 높은 제품은 자아 존중과 관련되는 제품이다. 예를 들면 화장품, 패션의류, 보석 등으로 구체적이고 상세한 정보보다는 좋은 느낌이 유발되도록 하면 된다.

이렇게 소비자들이 제품을 생각하는 태도, 즉 소비자의 심리를 알고 제품을 판매하면 매상이 올라간다. 이들 각각의 느낌과 생각을 잘 고려하면 병원에서도 얼마든지 소비자 심리를 적용할 수 있다.

의사가 진료할 때 환자들은 생각보다 느낌에 더 많은 비중을 둔다는 사실을 알아야 한다. "운동을 하십시오. ○○을 먹으면 안 됩니다"와 같은 말보다는 느낌을 줄 수 있는 말에 환자가 더 만족스러워한다.

"주말에 아내와 함께 가볍게 강가를 걸어보세요"라고 말해보라. 똑같은 말이라도 환자의 입장에서는 '주말과 아내, 강가'라는 말에 느낌을 받아 그런 말을 한 의사에 대해 한층 더 고마움을 느낄 것이다.

설득 주장이나 강도 높은 본질적인 것에 중점을 두어 환자에게 병을 설명하면 반감을 가질 수 있다. '뭐야, 의사가 겁이나 주고 말이야'라고 오히려 좋은 반응을 얻지 못한다. 이런 이유로 인해 친절의 이미지가 훼손될 수 있다.

제조업에서 판매하는 상품만 상품이 아니다. 상품은 크게 무형의 상품과 유형의 상품이 있다. 호텔에서는 무형의 상품과 유형의 상품을 동시에 판매한다. 눈에 보이는 객실 상품이나 식음료 상품 등은 직접 고객이 사용하거나 음식으로 먹을 수 있는 유형의 상품이다.

그러나 호텔의 분위기나 경관, 인테리어, 친절한 종업원의 서비스는 무형의 상품이다. 이런 상품은 당연히 생각보다는 느낌이 더 강하다고 할 수 있다. 그래서 느낌이 좋은 호텔이나 레스토랑을 고객들이 선호하는 것이다.

병원 역시 마찬가지로 생각보다는 느낌이 중요한 곳이다. 병원의 상품을 살펴보자. 병원에서는 병실을 환자에게 판매한다. 병원에서 제공하는 식사 역시 상품이다. 이 두 가지 상품은 모두 유형의 상품이다.

그러나 의사의 친절한 설명이나 간호사의 상냥한 태도는 눈으로 볼 수 없는 무형의 상품이다. 특히 소비자인 환자가 간호사나 의사의 말에 심도 있게 관여한다고 보면 된다. 한마디로 말하자면 대단한 관심을 갖는 것이다. 그러면서 의사의 느낌을 받고자 하는 것이 환자들의 심리다.

그렇다면 느낌을 주기 위해 의사나 간호사는 어떤 노력을 해야 할까? 환자의 병을 치료하고 건강을 관리하는 데 필요한 건강서적을 추천해준다거나 직접 운동하는 방법을 알려주거나 식단을 짜줘라. 아마도 환자는 의사나 간호사의 설명에 엄청난 느낌을 받고 졸도할 수도 있다. 한 가지 더, 건강 관련 인터넷 사이트를 소개해주면 다 아는 것이라도 좋아한다.

환자가 몰리는 병원에서는 의사가 환자에게 느낌을 주기 위해 친절한 태도, 상냥한 목소리, 멋있는 복장을 하고 환자에게 다가 간다.

고객을 부르는 서비스 Tip

소비자인 환자 고객이 병원을 방문해서 그 병원의 서비스가 좋은지 나쁜지 판단할 때 크게 세 단계로 나누어 평가할 수 있다.

첫째 단계는 병원의 광고, 홍보, 소문 등을 듣고 병원을 방문한다. 둘째 단계는 병원을 방문해서 병원의 시설, 병원의 분위기, 의사와 간호사의 친절, 진료 설명 등을 경험한다. 마지막으로 돈을 지불하고 병원 문을 나서면서 병원을 평가한다.

이 세 단계를 거쳐 비로소 환자는 병원을 다음에 다시 방문할지 아닐지 결정한다. 소비자인 환자의 이런 심리를 알아야 환자의 재방문을 늘릴 수 있다.

# 병원 화장실도 호텔처럼 청결하고 고급스럽게

"**여기가** 호텔이야, 병원이야? 분명히 병원인데 거울 좀 보라고, 정말 죽여주는군. 이렇게 거울이 깨끗하다니 놀라운데. 단 한 점의 먼지도 없으니 말이야." 환자가 병실의 화장실을 들어서는 순간 놀라서 한 말이다.

대부분의 사람들이 지저분하다고 생각하는 것이 병원의 화장실이다. 그래서 친구나 친척 중 누군가 아파 병원에 입원하면 가능한 한 화장실을 가지 않으려고 한다. 왜냐하면 화장실에 잘못 갔다가 세균이 득실거려 병이 옮아 자칫 자신도 병원에 입원할 수 있다고 생각하기 때문이다.

병원에 들어가는 순간부터 세균이 있다고 사람들은 생각한다. 그것도 접수를 하는 원무과가 아니라 바로 화장실에 모든 병균이 득실거린다고 생각한다. 사실 그렇지 않은가. 병원의 화장실은 환자들이 늘 이용한다. 환자들은 대체로 병균이 있는 사람들이다. 물론 환자에 따라 세균을 옮길 수도 있지만 그렇지 않은 환자가 있는 것은 당연하다. 그러나 일단 병원에 와서 진료를 받고 입원을 할 정도의 환자라면 병균이 있기 때문에 입원을 한 것이 아닌가 말이다.

감기 증세가 심해 병원에 입원한 환자나 결핵이 심해 병원에 입원한 환자라면 다른 사람한테 옮길 수 있는 여지가 충분히 있다고 본다. 그중에서도 병을 옮길 수 있는 확률이 높은 곳이 화장실이다. 환자들이 늘 이용하는 화장실이야말로 위생에 신경을 써야 한다.

그 유명한 맥도날드 햄버거는 화장실 청소를 매 30분마다 한 번씩 점검하는 것으로 유명하다. 거기에 담당자의 확인 서명난까지 부착해놓고 이용고객에게 '우리 맥도날드는 위생에 신경을 쓰고 있습니다' 라는 강력한 메시지를 보내고 있다.

병원은 어떤가? 환자의 치료에 신경을 쓴다고 하면서 화장실에 대해서는 전혀 무관심한 것 같다. 소독은 기본이고 거울이나 바닥, 소변기, 환자가 사용하는 변기 등에 대해 별도의 위생 점검이 이루어져야 한다. 그저 휴지통의 휴지만 버린다고 모든 것이 해결되는 것은 아니다.

고속도로 휴게소에 설치되어 있는 화장실을 가보라. 얼마나 깨끗하고 정리정돈이 잘되어 있는지 말이다. 청결한 것뿐 아니라 조용하고 아늑한 분위기에 낭만이 넘치는 음악까지 흘러나오고 있다. 어떤 휴게소의 화장실은 신나는 음악을 틀어주어 고객이 볼일을 보는 동안에도 엉덩이를 흔들 정도로 신바람이 난다. 그리고 화장실 안에 화분은 기본이고 위생종이, 손을 말리는 핸드 드라이, 냄새를 없애는 탈향제, 대형 거울, 고객의 소리함, 그윽한 향기, 산속에 온 것 같은 아늑한 분위기 등을 갖춰놓아 한번 이용한 고객은 볼일을 보고도 화장실에서 나오지 않으려고 할 정도다.

외국의 한 화장실은 그곳에서 식사를 할 정도로 깨끗하고 청결하다고 하니 놀라지 않을 수 없다. 그러나 우리의 병원 현실은 어떤가. 청소는 기본인데도 그저 청소나 하고 만다. 제대로 된 음악이나 화분이 있는 화장실은 찾기 어렵다. 호텔 같은 커다란 병원의 입구에 있는 공동화장실을 가보면 제대로 관리가 되어 있지 않다.

환자를 치료하려면 다른 것도 중요하지만 환자들의 마음을 다스려야 한다. 즉 기분이 좋아야 병도 빨리 회복된다.

첫선을 보는 자리를 아무 장소나 선택할 수 없다. 분위기 좋고 낭만이 넘쳐흐르는 호텔의 스카이 라운지에서 아름다운 여자를 만나면 비록 내가 얼굴이 못생겨도 분위기에 빠져든 여자가 나한테 반할 수 있다. 이것을 기분일치 효과라고 한다.

병원도 마찬가지다. 환자들의 기분이 좋아야 병도 빨리 낫는데 화장실에 가서 기분이 팍 상한다. "이게 뭐야. 기분이 나빠 죽겠네. 안 그래도 혈압이 높아 걱정인데 화장실에 들어와서 더 혈압이 올라가고 있으니 걱정이네"라는 말이 환자의 입에서 나오면 끝나는 것이다.

당장 화장실에 투자하자. 몇 백억 원이 넘는 암 치료기구를 미국에서 들여왔다는 광고만 할 것이 아니라 화장실을 잘 관리하고 있는 곳에 가서 벤치마킹을 해보자.

고객을 부르는 서비스 Tip

과감하게 변신을 해보자. 실천하기 힘들겠지만 환자용 화장실과 일반용 화장실을 구분해 설치하는 방안을 고려해보자. 멀쩡한 사람이 화장실을 가지 않으려고 하는 이유 중 하나는 화장실에 가면 병균이 득실거리기 때문이다.

그렇다면 '일반용 화장실', '환자용 화장실', '방문객 전용 화장실'이라고 입구부터 교체를 해보자. 만약 '환자용 화장실'이라는 팻말을 달기가 거북하다면 '방문객 전용 화장실'이라는 팻말만 화장실 입구에 부착해놓자. 그러면 환자들은 사용을 자제할 것으로 본다. 매일 얼마나 많은 사람들이 병문안을 가는지 헤아려보면 이런 아이디어도 생각해볼 문제다.

기능이 다양하고 편안한
최신식 침대를 설치하자

요즘 침대는 첨단을 달린다. 돌로 만든 침대가 있는가 하면 잠이 잘 오는 침대도 있다. 높이가 아주 낮은 침대, 아주 높은 침대도 있다. 호텔에서는 침대의 규격을 정해놓고 2인용 침대, 1인용 침대로 구분하기도 한다.

이뿐인가. 호텔의 객실도 다양해서 1박에 600만 원이 넘는 객실이 있는가 하면 1박에 몇 만 원 하는 객실도 있다. 물론 객실 요금이 비싼 방은 침대가 끝내준다. 물침대는 기본이고 향수가 뿜어져 나오는가 하면, 옛날 왕의 침소와 비교해도 전혀 손색이 없다. 호텔의 침대가 다양한 것만큼이나 객실 종류도 수십 가지가 넘어, 고객이 객실을 선택할 때 객실을 판매하는 직원들로부터 한참 동안 설명을 들어야 할 정도다.

병원의 경우를 보자. 환자를 치료하는 것이 최우선이므로 병실의 침대는 별로 중요하게 생각하지 않는 것 같다. 그러나 침대만큼 중요한 것도 없다. 침대가 엉성할 경우 허리가 아픈 것은 물론 병을 고치러 왔다가 자칫 디스크 환자가 되어 나갈 수도 있다.

산부인과를 예로 들어보자. 처음 진통이 있어 급히 병원으로 옮겨 분만을 하고 회복하는 단계를 거쳐 산후조리로 들어가는 것이 일반적인 산부인과 분만하는 과정이라고 할 수 있다.

가만히 살펴보면 진통, 분만, 회복, 산후 각각의 단계에 맞게 침대를 구비해놓아야 하지 않을까 싶다. 그러나 요즘은 침대의 규격이나 높이, 넓이 등을 자유자재로 조절할 수 있는 침대가 많이 나오고 있다. 그렇다면 산부인과 같은 병원에서는 다목적 겸용 침대가 필수적이다. 그래야 산모가 편하게 병원에 오랫동안 있을 수 있다. 산후조리 잘못하면 허리 아픈 것은 기본이고 살아가는 동안 몸이 불편하다.

병원 침대는 아주 좋은 것을 비치해놓아야 한다. 기능이 다양한 것은 물론이고 편한 느낌을 주는 베개, 누워 있기만 해도 잠이 저절로 오는 침대, 높지 않으면서 아기자기한 침대, 침대 위에서 책을 읽을 수 있도록 고안된 침대, 자체 내에 음악을 들을 수 있는 장치가 설치된 침대라면 병실 침대 위에 누워 있는 환자는 충분히 만족스럽다. "나 여기서 계속 누워 있고 싶어"라면서 병원을 떠나기 싫을 정도다.

과학의 힘이 엄청나게 발전하고 있는 요즘 우리 병원에 설치되어 있는 침대는 이미 오래전에 구입한 것으로 구식이 아닌지 검토해보자. 당장 큰돈이 들어가면 어쩔 수 없겠지만 단계적으로 환자가 좋아하는 침대로 바꾸어보자.

음악이 흘러나오는 침대, 앉을 수도 있고 누울 수도 있고 소파로도 사용할 수 있고 자신이 직접 조정할 수 있는 장치까지 갖춰 자동차 역할을 할 수 있는 침대가 있다면 끝내줄 텐데 말이다.

고객을 부르는 서비스 Tip

가끔 침대 위에서 떨어져 허리를 다치는 환자가 있는가 하면 간호하러 왔다가 밤에 침대 위에서 떨어지는 경우를 보았다. 잠꼬대를 해서 그런 사고가 발생했다고는 할 수 없다. 조금만 움직여도 낭떠러지로 떨어지도록 고안된 침대가 문제다.

침대의 높이나 규격에 대해서도 심도 있게 맞춤식 설계가 필요하다고 본다. 키가 작은 환자와 키가 큰 환자, 하반신이 불편한 환자, 높은 침대를 싫어하는 환자가 있다. 이들에게 일괄적으로 똑같은 침대를 사용하라는 것은 무리다.

호텔에 투숙하는 손님들 중에도 높은 층에 투숙하는 것을 꺼리는 고객이 있다. 소위 말하는 고소공포증이다. 침대라고 고소공포증이 없는 것은 아니다. 간호사나 의사는 환자의 기호에 맞는 침대가 설치된 병실을 배정하도록 하자.

병원에서도 24시간 개별 룸서비스를 도입하자

룸서비스라는 말은 호텔에서 많이 사용하는 용어다. 영어 그대로 표현하자면 호텔의 객실에서 음식을 주문하면 고객이 투숙하고 있는 객실까지 종업원이 직접 카트에 음식을 싣고 제공하는 것을 말한다.

고객의 입장에서는 직접 식당으로 내려가지 않아서 시간 절약도 되고 모르는 사람들과 함께 식사하지 않아 불편하지 않을 수 있고, 무엇보다도 혼자만의 시간을 즐길 수 있다는 커다란 장점이 있다.

또 한 가지는 호텔의 룸서비스는 영업시간이 제한적으로 운영되는 것이 아니라 24시간 언제라도 고객이 주문하면 즉각적으로 음식을 제공하기 때문에 늦은 밤에 비즈니스 목적으로 호텔을 방문한 고객이라면 이런 시스템이 얼마나 좋은지 실감할 수 있다.

병원의 서비스를 살펴보자. 물론 병원과 호텔은 먹는 장소, 시간, 음식의 종류 등 다양한 면에서 차이가 있는 것은 사실이다. 그러나 병원에서는 반드시 지정된 시간에 환자가 음식을 먹어야 한다. 그리고 병원 측에서 임의적으로 모든 것을 고려한 식단에 따라 음식을 먹을 수밖에 없다.

음식은 환자에게 무척 중요하다. 그러나 지정된 장소, 지정된 시간, 지정된 음식을 꼭 지켜야만 한다면 환자의 상태에 따라 무척 힘들어 할 수도 있다. 조금 다쳐서 병원에 입원한 환자라면 고기도 먹고 싶고 평소 먹는 피자나 스테이크를 먹고 싶기도 하다.

그러나 병원에 입원했다는 이유 하나만으로 반드시 식사시간을 지켜야 한다면 "아니, 내가 교도소에 들어왔나. 아침에 일어나는 기상시간에 반드시 음식을 먹어야 한단 말이야. 내가 죄를 지어 병원에 온 것도 아닌데" 하면서 불만을 제기할 수 있다.

그러나 이런 불만을 제기했다가는 간호사한테 "안 됩니다. 절대 그런 음식은 불가합니다. 그리고 식사시간을 반드시 지켜야 합니다. 그렇지 않으면 병실을 퇴실하십시오"라고 호되게 핀잔들을 것이 분명하다.

이제 병원도 큰 변화를 시도해보자. 환자의 상태에 따라 음식을 자유롭게 주문해서 먹을 수 있는 시스템을 만들어보자. 음식 전문가를 초빙해서 주방장이 직접 음식을 만들어 하루 24시간 운영해보자. "여보세요. 거기 병실 서비스죠? 미디엄으로 스테이크 한 개 주문하고 싶습니다"라고 하면 즉석에서 "네, 알겠습니다.

병실 몇 호실입니까?" 하면서 음식을 주문받아 직접 병실까지 갖다주는 서비스를 실천해보자.

환자의 입장에서는 자신이 먹고 싶은 시간, 즉 배고픈 시간에 음식을 주문할 수 있어 음식을 남기지 않아서 좋을 것이다. 그리고 병원 측에서도 이런 음식으로 인해 매출이 올라 병원의 운영에 큰 도움이 될 수 있다.

상처가 경미한데도 마치 내일모레 사망하는 중병 환자와 똑같이 취급해서 모든 음식을 제한하고 음식 먹는 시간까지 정해둔다는 것은 나날이 변화하는 이 시대에 많이 뒤떨어지는 병원 시스템이다. 대형 병원이라면 이런 서비스를 빨리 실천해야 한다. 환자들은 퇴원 후 "그 병원 끝내줘. 호텔 룸서비스 같아" 하면서 이 사람 저 사람에게 소문을 내고 다닐 것이다.

고객을 부르는 서비스 Tip

병의 상태에 따라 환자의 음식을 달리해야 한다. 의사의 처방이 반드시 필요한 환자라면 말이다. 그러나 환자가 가벼운 상처를 입어 병원에 입원했다면 평소 즐겨 먹던 음식을 먹고 싶어 할 것이다. 특실에 입원한 VIP 환자라면 특히 자신만의 공간에서 음식을 먹고 싶어 할 것이다. 이런 환자에게는 특히 룸서비스 개념의 음식 서비스가 필요하다.

병실 시트는 매일 갈아주세요

호텔이 고객들로부터 좋은 반응을 얻으려면 객실이 깨끗하고 청결해야 한다. 호텔뿐 아니라 음식점도 고객에게 인기가 있으려면 청결하고 깨끗해야 한다.

그래서 고객이 몰리는 식당에 가보면 테이블이 반들반들하고 음식을 나르는 종업원은 깨끗한 유니폼을 입고 고객에게 서빙을 한다. 갈수록 고객이 위생과 청결에 많은 관심을 두고 있기 때문이다.

그렇다면 병원으로 들어가 보자. 동네병원은 물론이고 제법 규모가 크다고 하는 병원의 병실에 가보면 환자가 매일 덮고 자는 이불이나 시트를 제때 교체해주지 않아 시커먼 때가 묻어 있는 병원이 있다. 물론 다 그런 것은 아니지만 아직도 병원에 가보면 병실의 청결 상태가 만족스럽지 못한 곳이 많다.

"아니, 이럴 수가 있단 말인가. 때가 묻어 베개가 새까맣네. 이 병원은 세탁을 제대로 안 하는 모양이야. 병 고치러 왔다가 오히려 병을 얻어갈 판이네" 하면서 환자들이 걱정을 한다. 환자뿐 아니라 환자를 면회 온 사람들까지 기분이 좋지 않다.

요즘 청결이 얼마나 강조되는 시대인지 아는가. 어디를 가나 깨끗하지 않으면 고객으로부터 사랑받지 못한다는 사실을 병원에서는 모르는 모양이다.

병실 안은 일단 깨끗해야 한다. 환자만 사용하는 것이 아니기 때문이다. 시트는 가능한 한 매일 갈아주어야 한다. 베개 역시 마찬가지다. 땀이 배어 있기 때문에 제때 세탁하지 않으면 병균이 득실거릴 수 있다.

병실 바닥 역시 마찬가지다. 바닥은 항상 깨끗하게 샴푸 클리너를 하든지 물걸레로 늘 깨끗하게 반들반들 닦아야 한다. 병실에 들어서는 순간 '이렇게 깨끗할 수 있단 말이야. 이거 호텔 객실보다 더 깨끗한데'라는 생각이 들 정도로 깨끗해야 한다.

그리고 한 가지 덧붙여 설명하자면 병원의 병실도 호텔과 마찬가지로 고객에게 선택권을 주는 것에 대해 심각하게 생각해보자. 호텔에 들어가면 시트를 갈아달라거나 객실을 청소해달라고 부탁할 경우 입구의 문고리에 작은 팻말을 걸어놓는다.

예를 들어 '청소를 부탁합니다', '시트를 갈아주십시오', '베개를 갈아주세요', '화장실 청소를 부탁합니다'라는 팻말을 몇 개 만들어 환자가 투숙하고 있는 병실에 비치해놓고 환자들이 선택하여 문고리에 걸어놓도록 하자.

좀 번거로울 수도 있다. 환자의 병실을 담당하는 직원은 "아니, 병원이 호텔과 똑같은가. 피곤하게 그런 것을 설치하라고 난리야" 하면서 반발할 수도 있다.

그러나 환자의 병을 치료하는 병실은 호텔보다 더 청결하게 관리해야 한다. 음식을 만드는 음식점 주방에 있는 사람들이 주방 모자를 폼으로 쓰고 있는 것이 아니다. 고객에게 '우리 음식점은 음식에 머리카락이 들어가지 않습니다' 라는 메시지를 직간접적으로 전달하기 위해서다. 청소하는 사람들도 마찬가지로 신경을 써야 한다.

병원에 가보면 청소하는 사람들이 모자를 쓰는 경우를 거의 보지 못했다. 머리띠로 묶거나 간단한 위생모자를 쓰고 환자의 방에 들어가면 청소하는 사람도 좋고, 깨끗한 유니폼과 예쁜 모자를 착용하고 청소하는 아줌마를 좋은 이미지로 바라볼 것이 분명하다. 더불어 환자들의 마음도 한결 행복해질 것이다.

환자들이 집에 있을 때는 매일 방을 닦고 머리카락 하나 없는 깨끗한 환경에 있다가 병원에 입원하는 순간부터 전혀 다른 세계, 즉 위생이 엉망인 곳에 오게 되면 다음에 또 입원할 정도로 아프더라도 두 번 다시 자신이 이용한 병원을 찾지 않는다는 사실을 명심하자.

병을 잘 고치는 병원일수록 깨끗하고 위생에 최선을 다한다는 사실을 명심하자. 이제 환자를 지저분한 환경에 방치해서는 안 된다. 환자는 병원에 입원하기 전까지 아주 쾌적하고 깨끗한 분위기를 경험한 사람이라는 것을 명심하자. 당장 오늘부터 위생 상태를 점검해보자.

고객을 부르는 서비스 Tip

햄버거 하면 당연히 맥도날드를 떠올린다. 햄버거가 얼마나 많이 팔렸는지 10년 전에 수치를 계산해보았더니 고객이 사먹은 햄버거를 가지런히 땅에 놓으면 무려 지구를 7바퀴 반 돌 정도라고 한다.

초창기에 맥도날드가 성공할 수 있었던 주요 원인은 바로 위생에 있었다고 해도 과언이 아니다. 고객이 주문하면 뒤로 돌아서서 손을 씻고 햄버거를 고객의 손에 건네주었다는 사실, 이 소문이 전 세계적으로 퍼져나가 맥도날드 하면 위생의 대명사가 되었다는 사실을 알고 있는가. 당신의 병원도 위생의 선두주자라는 것을 사람들에게 알릴 필요가 있다.

소아과는 아이들의 흥미를 끄는 아이디어가 필요하다

"**엄마,** 나 병원에 가지 않을래. 병원은 무섭단 말이야. 오늘 또 간호사가 나한테 주사를 놓는단 말이야. 가기 싫어."

아이를 키우는 부모라면 이런 말을 한 번쯤 들었으리라. 하기야 아이들만 병원에 가기 싫은 것이 아니다. 어른도 마찬가지다. 병원에 가면 아프다는 인식과 병원 하면 좋지 않은 기분이 들기때문이다. 병원이 좋아서 가는 사람은 단 한 사람도 없을 것이다.

일본에 있는 한 소아과 병원에서는 이런 점에 착안하여 어린이들이 공포심에서 벗어나고 뭔가 흥미를 줄 수 있는 것이 없을까 고민하다가 아이디어를 개발했다. 바로 앵무새였다. 앵무새를 열심히 병원에서 훈련시켰다. 무려 3개월 동안이나 새를 키우는 박사한테 부탁해서 인사 교육을 시킨 것이다.

새장에 갇혀 있는 앵무새는 새장을 손으로 톡 치면 '안녕' 하고 인사를 한다. 고개를 꾸벅 숙이며 말이다. 아이들이 무척 신기해한다. 병원에 가기 싫어하던 아이들이 앵무새가 인사하는 장면을 보고는 재미있어서 조금만 아프면 병원에 가자고 한다니 기가 막힌 아이디어가 아닌가.

병원, 그것도 소아과가 전문이라면 뭔가 특이한 이벤트가 있어야 할 것이다. 앵무새가 울든가 아니면 수족관도 좋다.

입구에 들어서자마자 앵무새가 안녕 하고 인사하는 장면, 미니 어린이 놀이터를 만들어놓아 한창 놀다가 주사를 맞으러 의사한테 가는 것, 아니면 아예 처음부터 병원놀이를 할 수 있는 장치를 설치해서 아이들이 주사기나 청진기 같은 도구를 가지고 놀게 하는 것이다.

어린이들은 의사와 상담을 하기 위해 기다리는 동안 몹시 초조해하고 무서워한다. 지난번에 왔을 때 호되게 주사를 맞은 아이라면 더욱 의사를 두려워할 것이다. 짧은 순간이라도 아이들의 긴장을 완화시켜줄 수 있는 아이디어는 찾아보면 얼마든지 있다.

모형으로 만든 말을 타고 달리는 장면, 아이들의 환심을 살 수 있는 전자오락 기기, 엄마와 함께 퍼즐 게임을 할 수 있도록 설치된 방, 어린이들을 위한 만화영화 상영 등 잘 구상하면 된다.

한 가지 놀라운 이벤트를 공개하고 싶다. 용기 있는 의사라면 한번 시도해보자. 소아과 의사라면 말이다. 과감하게 어린이 복장으로 변신해서 진료를 해보라는 것이다. 목소리나 제스처 등을 흉내 내서 해보는 것도 좋다.

성인의 병을 치료하는 것이 아니라 아파서 온 아이들을 위한 병원이라면 간호사나 의사가 어린이를 위한 연극에 출연했다고 생각하고 도전해보라고 권하고 싶다. 좋은 반응을 얻을 것이 확실하다. 어린이들이 좋아하는 피에로 모자만 의사가 쓰고 있어도 아이들이 무척 좋아할 것이다.

얼굴이 무섭게 생긴 의사라면 꼭 권하고 싶다. 진찰하기도 전에 목소리나 얼굴이 무섭게 보이는 의사라면 말이다.

Part 4

이벤트를 마련해
감동을 선사한다

# 메디컬 합창단을 구성하자

요즘 각 지자체마다 합창단을 구성하느라고 난리다. 행사장에 가보면 젊은 사람, 나이 지긋한 사람, 중년 부인 등이 무대 위에 올라 가곡을 합창하는가 하면, 요즘 유행하는 대중가요도 함께 부른다. 지역 주민들은 그저 신날 뿐이다. 행사도 관람하고 노래도 듣고 하니 일석이조가 아닌가.

이들 합창단은 지역의 자원봉사자들로 구성되는 경우가 많다. 젊은 시절 성악가의 꿈을 가지고 있었지만 생활고가 힘들어 꿈을 저버린 사람, 그저 노래가 좋아, 음악이 좋아 뒤늦게 무료함을 달래기 위해 온 사람, 아니면 노래를 잘 불렀던 사람들이 봉사 차원에서 모여 구성한 합창단이다. 당연히 지역 축제 때 이들은 단골로 출연한다.

병원도 뭔가 신나는 것이 있어야 한다. 요즘 병원에 가보면 대학병원을 중심으로 로비에서 연주회를 하는 경우를 종종 볼 수 있다. 노래는 기본이고 바이올린이나 첼로를 연주하는 장면을 흔히 볼 수 있다. 가족이나 친구의 병문안을 왔다가 기분 좋게 연주를 듣는 것이다. "거참 끝내주는군. 음악홀에서나 들을 수 있는 가곡을 여기서 듣다니 친구 병문안 오기를 잘한 것 같아" 하면서 기분이 좋다.

병원 하면 칙칙하고 음침한 분위기를 연상하다가 이렇게 음악을 들으니 환자도 좋고 방문객도 좋으니 당연히 입소문도 많이 퍼진다. 그러나 이런 음악회는 돈이 많이 들어가기 때문에 큰 대학병원이나 가능한 일이지 규모가 작은 곳에서는 하고 싶어도 하지 못한다.

그래도 실망할 필요 없다. 요즘 하나의 빌딩에 여러 병원이 입주해 있는 경우가 많다. 신장투석실, 내과, 안과, 산부인과, 치과 등의 간판만 보아도 알 수 있다. 그렇다면 해답이 나온다. 프로 성악가만 모여서 합창단을 구성하란 법은 없다. 아마추어라도 연습만 제대로 하고 목소리만 제대로 가다듬으면 얼마든지 신나는 합창단을 구성할 수 있다.

이름도 거창하게 지어보자. 건물의 이름을 따서 ○○ 메디컬 합창단이라고 해도 좋고 지역의 이름을 따서 ○○ 합창단도 좋다. 그리고 지역 봉사단체에 가입해 건물 자체 내에서 정기적으로 공연을 한다. 나이 드신 할머니, 할아버지를 위한 공연도 좋고 청소년 대상 공연도 좋다. ○○ 소망 음악회, 크리스마스 성탄 축하 음악회, 지역의 불우 청소년을 위한 음악회라고 이름을 붙이면 되는 것이다.

그저 환자만 기다릴 것이 아니라 이제는 지역 주민을 위해서 이미지 개선을 할 필요가 있다. 물론 혼자 하기는 무척 힘들다. 그러나 제법 규모가 큰 병원은 독자적으로 정기적인 합창단을 구성하여 운영한다면 지역에서 좋은 반응을 얻을 수 있다.

간호사, 의사, 원무과 직원, 청소하는 아저씨, 병원과 거래하는 거래처 직원 등과 다양하게 구성하여 일주일에 한 번, 아니 2주일에 한 번이라도 연습을 해보자. 그리고 당장 올해의 콘서트도 준비해보자. 합창단이 힘들면 보컬 그룹도 만들어 운영해보자.

규모가 작은 병원이라면 같은 건물에 있는 병원장들과 의논하여 "우리 건물에 입주해 있는 사람들끼리 합창단이나 보컬 그룹을 구성해봅시다. 내가 먼저 나서서 구성할 테니 따라오십시오" 하면 안 따라올 사람은 거의 없을 것이다.

누군가 먼저 나서서 지휘봉을 들고 해보자. 연주 지휘봉 말이다. 혼자만 잘나갈 것이 아니라 더불어 잘나가는 방안을 모색해보자. 그래야 그 건물에 입주해 있는 병원이 모두 명성을 얻을 수 있다.

이제 병원에서도 음악이 나오고 고고춤을 춰야 할 시대가 왔다. 아픈 사람을 더 이상 슬프게 해서는 안 된다. 가만히 찾아보면 자신의 끼를 발휘하지 못해 안달인 직원이 꼭 있다. 그런 사람을 당장 오늘부터 찾아서 연습을 하자.

행복을 제공하는 메디컬 합창단, 추억을 되살려주는 보컬, 웃음과 유머를 제공하는 연극반까지 운영해보자. 작은 무대, 작은 열정으로 언제나 환자들을 위한 아름다운 음악이 흘러나오는 병원으로 거듭나 보자.

고객을 부르는 서비스 Tip

건물에 입주해 있는 병원 원장들이 메디컬 합창단을 구성하는 방안을 토의해보자. 그리고 끼가 있는 사람을 찾아보자. 별도의 연주실도 준비해 연습해보자. 의사, 간호사, 원무과 직원이 머리를 맞대면 뭔가 좋은 아이디어가 나올 것이 분명하다. 세계적으로 유명한 구글의 성공 신화는 바로 직원들의 아이디어에서 나온 것이다.

병원을 신나고 재미있고 행복이 넘치는 곳으로 만들기 위해서는 직원들의 아이디어를 방치해서는 안 된다. 매주 한 번 아이디어 회의를 개최하는 방안을 검토해보자.

 # 웃음 콘서트를 열자

요즘 웃음이 큰 화제가 되고 있다. 토요일이나 일요일에는 온 가족이 모여서 개그 프로를 본다. 이뿐인가. 대학 축제나 일반 기업체의 창립기념일 행사 때는 으레 개그맨이나 유머 강사가 연단에 등장하여 사람들을 웃긴다. 갈수록 고리타분한 연설이나 강의를 사람들이 싫어하기 때문이다.

이렇다 보니 사람들은 이제 유머나 개그에 대해서는 익숙해진 분위기다. 미국이나 유럽에서는 이미 웃음으로 암을 치료하기도 하고 일반 정신적인 스트레스를 치료한다는 의학적인 연구 결과도 나왔다고 한다.

이런 이유로 국내에서 최고라고 할 수 있는 병원에서도 웃음을 도입하여 유명한 의사까지 동참해 웃음으로 아침조례를 한다고 한다. 의사 하면 위엄이 넘치고 근엄하며 무섭다는 의식을 갖고 있는 사람들에게 웃음으로 다가가는 이들의 서비스 전략은 대단하다고 할 수 있다.

병원 하면 엄숙해야 하고 아픈 사람들이 몰리는 곳이기도 하고 때로는 사람들이 죽기도 한다. 치료를 하다가 결국 죽음으로 끝을 보는 경우 많은 사람들이 슬퍼한다. 물론 슬픈 일에는 울어야 하는 것이 당연하다. 그러나 병원에서 환자들이 항상 슬프라는 법은 없다.

환자들이 병원에 오는 이유는 병을 치료하기 위해서다. 그렇다면 이들에게 웃음을 선사할 수 있는 프로그램도 중요하다. 환자들을 위해서도 좋고 병을 치료하는 간호사나 의사도 좋아한다. 웃을 일이 많으면 뭐니 뭐니 해도 가정이 화목할 것이다. 매일매일 병원에서 스트레스를 받으며 일하다가 집에 가서 그 스트레스를 아내나 남편한테 하소연하면 집 안에 웃음꽃이 피어날 날이 없다.

자, 그렇다면 병원에서 개그 콘서트를 열 수 있는 것도 아니고 또 그런 분위기도 아니다. 어떻게 병원에서 환자들에게 웃음을 줄 수 있을까 정말 고민이다. 그러나 조금만 생각을 바꾸면 변화를 줄 수 있다.

일단 각 병원의 담당 진료과별로 환자를 직접 대하는 부서를 중심으로 웃음 교육을 받아보자. 웃음이라고 해서 별것 아니다. 억지로라도 웃는 연습을 하는 것이다. 박수치면서 한 사람이 웃으면 이내 다른 사람들이 따라 하면서 웃는다. 처음에는 쑥스러울 수도 있다. 그러나 돌아가면서 한 사람씩 나와 간단하게 자신이 알고 있는 춤을 추면서 웃으면 그것으로 부서 전 직원이 함께 웃는 것이다.

어떤 형식이나 방법에 구애받지 않고 자연스럽게 주제를 정해서 웃도록 해보자. 웃음강사가 처음에는 여러분을 웃기기 위해 몇 가지 제스처를 취할 것이다. 그런 방법을 간단하게 익힌 다음 진료과별로 똑같이 실시하는 것이다. 아니면 개그 콘서트 중 명장면만 골라서 다 같이 모여 텔레비전을 시청한다.

방법은 여러 가지가 있다. 문제는 실천하는 것이 중요하다. 그저 하루 하다가 그만둘 것이라면 당장 집어치우는 것이 낫다. 그리고 대학병원 정도의 큰 규모라면 위엄과 자존심에서 탈피해 국내 최초로 개그 콘서트를 열어보자. 물론 쉬운 문제는 아니다. 그러나 대학병원이나 규모가 큰 병원의 경우 세미나실이 제법 크다. 그런 장소에서 개그 콘서트를 열어도 좋고 웃음강사를 직접 초빙하는 것도 좋은 아이디어라 할 수 있다.

요즘은 유머강사가 상당히 많다. 아마 머지않아 환자들을 전담해 유머를 펼치는 유명 강사도 나오리라 본다. 아프다고 해서, 암이라 더 이상 살지 못한다고 해서 우울하게 하루하루를 보낼 것이 아니다. 마지막 죽는 순간까지도 제대로 웃지 못한 채 죽는 사람들이 주변에 얼마나 많은가. 이들에게 마지막 가는 길에 웃음을 선사하는 병원이야말로 진정한 서비스를 실천하는 병원이 아닌가 싶다.

그렇다고 규모가 작은 병원은 개그 콘서트나 유머를 하지 말라는 것은 아니다. 규모가 작더라도 자체적으로 웃음을 시작할 수 있다. 다 같이 모여서 박수를 치며 웃는 것이다. 억지로 웃어도 그 효과는 대단하다고 하니까 말이다.

고객을 부르는 서비스 Tip

매월 1회, 분기별 1회 등 병원 자체적으로 개그의 날, 웃음을 선사하는 날, 오늘은 웃는 날, 다 함께 웃는 날 등 이름을 정해서 환자와 의사, 간호사, 원무과 직원 등이 모여 간단한 웃음 행사를 한다. 각 진료과별로 실시해도 좋다. 전체가 모여 대표자 한 사람이 나가 간단하게 박수를 치면서 웃기 시작하면 다 같이 서로의 얼굴을 보면서 웃는 것이다. 박수치는 것이 건강에도 좋다고 하니 말이다.

또 한 가지는 신나는 노래를 틀어 막춤과 동시에 웃으면서 노래를 따라 부르는 것이다. 음악이 있으면 신이 나서 웃음이 저절로 나올 수 있다. 다 함께 출 수 있는 건강춤을 병원 자체적으로 개발해보자. 춤선생을 모셔서 간단하게 춤을 추는 것부터 시작해보자.

제1회 헬스 커밍 데이를 개최하자

'**홈 커밍** 데이(Home Coming Day)'라는 것이 있다. 말 그대로 직역하면 고향을 찾아오는 날이라는 뜻이다. 자신이 태어난 곳이나 한때 살았던 고향과도 같은 추억이 어린 장소를 찾아오는 날이라는 의미로 해석할 수 있다.

어릴 적 고향을 떠나 낯선 타향에서 수십 년을 살다 보니 어느덧 나이가 50이 훌쩍 넘어 60세가 되었다. 돈도 제법 많이 벌었다. 아들딸들도 모두 시집 장가를 보내 이제 걱정이 없다. 그러자 지금까지 잊고 살았던 고향이 그리워지기 시작하는 것 아닌가. 경제적으로 어려워 그저 앞만 보고 살아오다가 나이가 든 다음에야 고향이 그리워지는 것이다.

이런 생각은 모든 사람들이 공통적으로 가지고 있는 감정이 아닌가 싶다. 그래서 사람들은 '홈 커밍 데이', '충청 방문의 해',

'한국 방문의 해'라고 하면서 떠들고 난리다.

그렇다면 병원도 '병원 커밍 데이'를 만들어보는 것은 어떨까? 물론 "병도 다 고치고 병원이라고 하면 지긋지긋한데 병원 커밍 데이를 해서 다시 병원에 모이라니 미쳤군"이라고 할 수도 있다. 맞는 말이다.

그러나 병원 마케팅 차원에서 한 번쯤 생각을 해보라는 것이다. 필자도 오래전에 병을 앓아 오랫동안 다닌 병원이 있다. 그래서 그런지 그 지역에 필자가 자주 가던 병원을 지나칠 때면 그 병원이 어떻게 변했는지 구경해보고 싶다. 그러나 나 역시 가보지 못했다.

내방 환자가 1년에 수천 명이 넘는 병원이라면 자신의 병원에서 병을 완치한 환자들에게 병원 소식지를 돌리면서 슬며시 '제1회 헬스 커밍 데이'라는 명목 아래 과거 그 병원을 이용한 환자들, 지금은 정상적으로 건강을 찾은 사람들에게 병원을 방문하게끔 하는 것도 좋은 아이디어라고 할 수 있다.

이런 사람들이 모이면 그 병원의 오피니언 리더가 되는 것이다. 자신의 병을 치료해준 병원, 그것도 100% 완치시켜준 병원이라면 그 누구도 고마움을 잊지 못할 것이다. 이들을 대상으로 매년 정기적으로 병원에 오는 날을 정해 최근 병원의 근황이나 소식 등을 알리는 동시에, 자신의 병을 치료해준 의사와 만나는 기회를 마련해준다는 것 자체만으로도 얼마나 좋은 일인가.

자신의 병을 완치해준 의사야말로 생명의 은인과도 마찬가지다. 말기 암환자로 죽을 날이 얼마 남지 않은 자신을 구해준 의사야말로 그 누구보다 존경할 수 있는 사람이다.

제1회 헬스 커밍 데이를 개최한다면 국내에서 유일하지 않을까 생각된다. 프로그램이나 진행에 대한 것들은 요즘 이벤트 행사를 주최하고 프로그램을 만들어주는 회사도 상당수 있다. 이들에게 부탁하면 얼마든지 가능한 일이다. 완치된 환자 가족도 동참하여 함께 이벤트 행사를 하도록 하자.

미국의 한 병원에서는 암환자였다가 완치되어 정상적인 생활을 하는 사람들이 모여 암 동창회를 열었다고도 한다.

고객을 부르는 서비스 Tip

건강 달리기, 자전거 달리기 등과 같은 활동적인 행사도 중요하지만 가능한 한 건강을 주제로 한 특강이나 유명 강사를 초빙하여 건강과 관련된 내용을 듣는 것도 중요하다. 각 진료 과별로 나누어 특강을 실시한다.

허리 디스크, 암, 치아 등 병의 종류별로 나눠 100% 완치된 사람들을 대상으로 DM을 방송한다. 행사의 분위기를 돋우기 위해 작은 음악회 형식으로 잔잔한 노래, 가족이나 사랑을 주제로 노래 부르는 가수를 초빙하여 듣는 것도 좋다. 모든 비용을 병원에서 부담하도록 한다.

# 병원에 안마의자를 비치해두자

일본에 있는 호텔 일식당에서 가족들과 함께 식사를 한 적이 있다. 맛있게 식사를 끝내고 나오려는데 입구 카운터 옆에 놓여 있는 의자가 광이 번쩍번쩍 빛나서 깜짝 놀랐다.

더 이상한 것은 이 식당에 여러 번 다녀간 고객들이 그 의자에 앉아서 디지털 카메라로 사진을 찍고 있는 것이 아닌가. 그래서 직원에게 물어보았다. "저 의자 정말 끝내주는 의자군요" 하자 호텔 직원이 하는 말은 "아, 그러세요. 저 의자는 약 1억 원짜리 의자입니다. 금으로 칠한 아주 비싼 의자죠"라는 것 아닌가.

그 의자는 금으로 만들어졌기 때문에 돈을 많이 벌게 해주는 의자로 알려져 한 번이라도 앉아보려는 사람들이 줄을 섰던 것이다.

고객들은 다른 호텔에서 볼 수 없는 금으로 만든 의자를 볼 수 있다는 것만으로도 무척 좋아했다. 아이들도 금으로 만든 의자에 앉아 사진을 찍고 싶어 했다.

자, 그럼 병원에서 어쩌다 한 번 진료받는 경우를 살펴보자. 의자가 어찌나 앉기에 불편한지 모른다. 게다가 의사가 입으로 들이대는 도구는 어떤가. 한마디로 공포를 자아내기에 충분하다.

이뿐인가. 검사를 위해 피를 뽑으려면 줄을 서서 기다려야 한다. 간호사는 팔을 걷자마자 푹 찔러댄다. 아파도 참아야 한다. 피 조금 흘리면 "5분 동안 문지르세요" 이 말이 전부다.

환자를 위한 병원에서 이런 행동을 해서는 절대 안 된다고 생각한다. 그렇다면 피를 뽑는 데 무슨 묘책이 있단 말인가. 분명히 묘책이 있다. 환자가 즐거워하고 편하게 느낄 수 있는 묘책이다.

일단 환자가 편하게 피를 뽑을 수 있도록 안락의자를 준비한다. 금으로 둘러싼 의자가 아니라 환자가 앉았을 때 편해서 잠이 올 정도의 의자 말이다. 그리고 환자가 간호사한테 가서 피를 뽑을 것이 아니라 간호사가 안락의자에 앉아 있는 환자에게 다가가 "안녕하세요. 잠시만 기다리세요" 하고는 피를 뽑는다.

안락의자를 충분히 준비하여 피를 뽑은 환자가 잠시 누워 있도록 한다. 음악도 곁들여 나온다면 이보다 더 좋은 서비스가 어디 있겠는가. 음악과 더불어 텔레비전도 잠시 볼 수 있다.

그리고 방금 전 채혈을 한 의자에서 안마 서비스도 받을 수 있다. 전기만 꼽으면 저절로 안마가 된다. 병원 로비 중간에 안마 서비스를 받을 수 있는 기구를 준비해둔다면 기다리다 지친 환자들이 즐거워할 것이다. 간호에 지친 환자 가족들도 무척 즐거워할 것이다. 병간호하느라 허리며 다리도 아픈데 말이다.

병원도 이제 변해야 한다. 모든 것이 환자 중심의 병원으로 거듭 태어나야 경쟁에서 이길 수 있다. 그저 가만히 앉아서 이전에 해온 방식대로 운영한다면 계속 환자를 위한 아이디어를 내어 성공한 병원을 쫓아갈 수가 없다.

당신이 운영하는 병원은 무엇으로 환자를 편안하게 모실 수 있는지부터 생각해보자. 병원에 들어서는 순간부터 환자나 환자 가족들이 감동할 만한 서비스를 계속 제공해야 할 것이다.

고객을 부르는 서비스 Tip

환자가 편해야 주변에 입소문이 난다. 환자가 불편하다면 퇴원 후 절대 입소문을 내지 않는다. 병원에서 진료를 잘해야 하는 것은 기본이다. 그러나 요즘 병원 수준도 평준화되어가고 있는 상황에서 시설이나 진료만으로 승부하려는 생각을 버려야 한다. 환자를 진정으로 편하게 모실 수 있는 아이디어를 빨리 개발해서 실천해야 한다.

로봇이 몸에 들어가 암세포를 진단하는 시대이니 환자를 편하게 하면서 제대로 진료할 수 있는 도구를 개발하자. 찜질방에만 안마도구가 필요한 것은 아니다. 병원에서 간호에 지친 환자 가족들은 온몸이 쑤신다. 이들을 만족시켜야 한다.

흥미로운 즐길거리가
많은 병원

요즘 동네 어디에 가든 만화책이나 동화책, 소설, 비디오, DVD를 대여점에서 쉽게 빌려 볼 수 있다. 빌리는 돈이라야 고작 500원 수준이다.

이미 많은 사람들이 이런 대여점에 익숙해져 있다는 사실을 병원에서도 알 필요가 있다. "병원은 아픈 사람들이 오는 곳인데 만화방이나 비디오방처럼 하라는 말이오?"라고 당장 쓴소리를 할 것이 뻔하다.

그러나 가만히 생각을 해보라. 병원에 오는 환자들이나 병문안을 오는 사람, 간호를 하는 사람들은 모두 심심하고 따분함을 달래기 위해 동네 책방이나 비디오 가게에서 빌려 보는 것에 익숙하다.

정신적으로 재미있고 맑아야 병도 낫는 것이다. 물론 비디오나

DVD를 본다고 해서 정신이 맑아지거나 병이 낫는 것은 절대 아니다. 하지만 병실 침대에 오랫동안 누워 있는 사람에게는 안정을 취하는 것도 중요하지만 볼거리나 읽을거리를 주어 심심함을 달래는 것도 매우 중요하다.

환자가 마음이 편해야 병도 잘 낫는 법이다. 환자의 마음 상태가 행복하지 않다면 어떻게 병이 빨리 낫기를 기대하겠는가.

병원에서는 유명 서적이나 신문을 파는 것도 중요하지만 당장 오늘부터라도 과감히 환자들에게 문호를 개방하자. 1인실의 경우 하루만 입원해도 병실료가 수십만 원이 넘는다. 동네에서 단돈 500원을 주고 책과 DVD를 빌려 보는데 병원에서는 무료로 환자들이 원하는 것을 대여해주는 것이 좋다.

물론 상태에 따라 이런 것을 허용하지 말아야 할 환자도 있다. 바로 전에 큰 수술을 한 사람이라면 절대 안정을 취해야 한다. 그러나 병실에 가보면 대부분, 아니 거의 모든 병실에 TV가 있다. 그렇다면 과감히 환자가 원하는 DVD를 준비해놓고 대여해주자. 단지 몇 십 권의 책이나 만화책을 갖다놓고 대여할 것이 아니라 미니 도서관 수준은 되어야 하지 않겠는가.

요즘은 병원에 가보면 중환자도 아닌데 몇 달 동안 계속 입원해 있는 환자들이 많다. 이들 대부분은 텔레비전에서 늘 나오는 프로그램이 지겨울 따름이다. 그리고 환자의 상태에 따라 가벼운 업무 정도는 병원에서 처리할 수 있도록 해야 한다.

바쁜 직장생활을 하다가 교통사고로 입원했다면, 더욱이 직장에서 중요한 지위에 있고 가벼운 부상이라면 입원기간이라 할지라도 병원 측에서 업무를 볼 수 있도록 배려를 해주어야 환자도 빨리 회복될 수 있다.

요즘 유행하는 개그 콘서트, 만화, 소설, DVD, 베스트셀러 등과 관련된 것들을 모아 병실에서 환자들이 보도록 하자. 그리고 특실이나 1~2인실 정도라면 노트북도 준비해놓자. 그럼 인터넷도 할 수 있고, 병원에 소장되어 있는 재미있는 자료들을 검색해볼 수 있다. 환자들이 움직이지 않고도 예약만 하면 간호사나 원무과 직원들이 병실로 가져다주는 서비스를 해보자.

"이 병원 끝내주네. DVD, 소설, 비디오, 없는 것이 없어. 노트북까지 준비해놓고 있으니 말이야. 퇴원하지 말고 계속 병원에 있으면 좋겠는데"라는 말이 환자의 입에서 나오면 그 병원은 최고의 서비스를 제공하는 것이다.

점점 병원의 경쟁력은 서비스에 달려 있다고 본다. 요즘 한국이 의료의 메카라고 할 정도로 외국 환자들이 모여들고 있다. 이제 서비스로 승부해야 할 시점이 온 것이다. 그저 말로만 친절 서비스를 외칠 것이 아니라 다른 병원에서 하지 않는, 우리 병원에서만 할 수 있는 유일한 서비스를 먼저 해보자.

대학병원만 하는 것이 아니다. 동네의 조그마한 병원에서도 얼마든지 가능한 일이다. 의사의 배려, 원장의 관심만 있다면 말이다. 재미가 넘치는 병원, 동네 만화방에 온 듯한 기분이 드는 병원, 흥미 만점인 병원은 바로 환자들이 원하는 재미있는 볼거리를 준비해놓고 과감히 대여해주는 병원이다. 그런 병원이 있다면 나부터 먼저 입원하고 싶다.

병원 로비를
전시장으로 꾸미자

문화의 거리, 축제의 고장, 자전거 도로, 그림 전시회 등 각 지역이나 도시마다 문화라는 이름을 붙여 각종 행사를 열고 이를 통해 구경꾼들을 끌어 모으기에 혈안이 되어 있다. 나비 하나로 시작해 이제는 세계적인 나비 축제로 성공시킨 함평 나비 축제가 시사하는 바는 매우 크다고 할 수 있다.

이미 호텔에서는 오래전부터 로비나 컨벤션홀을 중심으로 유명 작가나 화가의 그림이나 책을 전시해놓고 많은 관람객을 유치하고 있다. 문화 호텔로서의 이미지를 부각시키기 위한 시도라 할 수 있다.

유럽에 가보면 옛날 모습 그대로 간직해놓은 역사가 몇 백 년 된 호텔도 있다. 심지어는 전쟁을 기념하기 위한 호텔도 있다. 한마디로 고객을 끌어 모으기 위한 마케팅을 펼치는 것이다. 문화라는 이름을 걸고 말이다.

 그렇다면 이제는 병원도 호텔처럼 뭔가 변해야 하지 않을까 싶다. 아니, 변해야 살아남는다. 병원이야말로 많은 사람들이 찾는 곳이다. 또 한 가지 중요한 사실은 그림으로도 마음이 아픈 병을 치료한다고 하지 않던가. 그래서 요즘은 그림 심리 치료에 많은 사람들이 관심을 갖고 있다.

 과거 광산에서 한창 탄을 캐던 시절, 태백이나 정선 같은 탄광 지역에서는 아이들이 냇물을 보면 늘 검은색이어서 미술시간에 선생님이 냇물을 그려보라고 하면 온통 검정 크레파스로 시냇물을 그렸다고 한다. 보는 것이 얼마나 중요한지 실감할 수 있는 사례다. 매일 검은 냇물을 보고 자란 아이들이라면 충분히 그럴 수 있다.

 병원도 한 번쯤 생각해볼 것이 있다. 이제는 하얀색으로 장식된 벽지가 병원을 상징하는 것으로 생각해서는 안 된다. 병원이야말로 색깔의 변화가 중요한 곳이다. 아픈 사람들의 마음을 치료하기 위해서도 말이다.

 대학병원 로비에 가보면 너무 황량하다. 아무것도 없고 그저 에스컬레이터만 줄기차게 환자나 내방객들을 실어 나를 뿐 다른 특별한 것이 없다. 정면에는 환자들이 입원과 퇴원 수속을 하느라 시장 장터와 같은 분위기다.

 옆을 보면 환자들이 병실에만 틀어박혀 있기가 답답한지 로비

한쪽 구석에서 이 사람 저 사람을 보며 시간을 보내고 있다. 그러다가 지치면 빈자리에 앉아 쉬는 것 외에는 아무것도 할 것이 없고 볼 것도 없다.

머리회전이 빠른 원장이라면 감을 잡았을 것이다. 이렇게 배회하는 환자들이나 방문객들을 위해 로비 한쪽 공간에 사람의 마음을 치료하는 아늑한 분위기의 그림을 진품이 아니더라도 유사한 모방작품이라도 걸어놓아야 한다는 사실을 말이다.

그림 밑에 설명도 덧붙인다. 기증자가 있다면 큰 글씨로 기증자의 이름을 붙여놓으면 일석이조 효과를 발휘한다.

환자들이 한 바퀴 돌면서 심신 치료가 가능하다. 좋은 그림을 보면 마음이 가라앉는 것은 물론이거니와 안정적인 정서 상태를 유지할 수 있다는 사실을 명심하자.

대부분의 병원 벽에는 온통 병원 광고뿐이고 환자나 내방객들을 위한 배려는 아무것도 없다. 간혹 이 병원의 설립에 기여한 사람들의 이름과 기부한 금액을 아주 큰 동판으로 입구 정면에 붙여놓은 것 외에는 아무것도 없다.

좋은 그림, 특히 환자의 정서에 도움을 주는 그림을 유명 화가나 화랑과 연계하여 분기별·월별·연별로 계약해서 전시하면 문화가 숨 쉬는 병원, 환자를 배려하는 병원, 그 병원에 가면 다른 병원과는 뭔가 다르다는 인식을 심어줄 수 있는 병원으로 거듭날 수 있다.

호텔과 유명 화랑 전시관에서만 좋은 그림을 볼 수 있는 것이 아니라는 사실을 병원 원장들이 빨리 알아야 한다. 우리 병원에서 할 수 있는 것을 찾아 당장 오늘부터 소규모 그림 전시회를 시작해보자.

고객을 부르는 서비스 Tip

병원에서 그림 전시회를 하라는 것이 대학병원만 해당되는 것은 아니다. 동네의 작은 소아과 병원에서도 조금만 생각을 바꾸면 지역 초등학교와 연계하여 초등학생들이 그린 그림을 소아과 병원에 전시할 수 있다. 병원으로 들어가는 입구 계단 옆에 그림을 전시해도 좋고, 아니면 병원 안쪽에 전시할 수도 있다.

이제 병원에서는 병원 홍보를 하나의 마케팅 수단으로 생각해서 적극적으로 활용할 필요가 있다. 어린이들이 자주 찾는 소아과 병원이라면 어린이들에게 관심 있다는 것을 부모들에게 보여주어야 한다. 아이들한테 관심 없는 병원이 얼마나 아이들의 치료를 잘한다고 생각하겠는가.

돈 적게 들이면서
환자 고객 관리하기

요즘 병원 홍수 시대에 살고 있는 것 같다. 동네 어디를 가도 고만고만한 병원들이 즐비하게 늘어서 있는 것을 볼 수 있다. 이뿐인가. 미용실도 넘치고 공인중개사 사무실도 넘쳐나고 있다. 고객은 한정되어 있고 매장 수는 넘쳐나는 것이 요즘 현실이다.

병원 역시 이런 어려움에 처해 있기는 마찬가지다. 그러나 아무리 고객이 한정되어 있다 해도 연일 고객이 넘치는 미용실이 있는가 하면, 늘 많은 사람들이 드나드는 공인중개사 사무실도 있다. 한마디로 말하자면 이들은 고객을 철저하게 관리하기 때문이다.

고객이 넘치는 미용실에 가보자. 자신의 미용실을 단 한 번이라도 방문한 고객에게 최선을 다해 서비스한다. 들어가자마자 커피를 타주는 것은 기본이고 머리를 자르고 난 후에는 무료로 왁스를 주기도 한다.

머리 스타일을 컴퓨터에 입력하여 다음번에 방문할 때는 "어떤 스타일로 머리를 다듬어드릴까요?"라고 묻지 않는다. 대신 "지난번 머리 스타일은 어떻습니까?" 하며 컴퓨터 화면으로 지난번 고객의 머리 스타일을 보여준다. 그러면 고객은 "지난번 스타일로 해주십시오"라고 하면 되는 것이다. 이는 한 번 방문한 고객을 영원한 고객으로 관리하겠다는 의미다.

투자 및 매매 상담으로 연일 고객이 넘치는 공인중개사 사무실에 가보자. 고객이 들어서는 순간 커피 종류도 다양하게 있어 고객이 원하는 스타일의 커피를 마실 수 있다.

일단 한 번 방문한 고객에 대해서는 철저하게 상담을 한다. 고객이 만족할 때까지 충분하게 설명을 해준다. 그리고 고객이 상담을 마치고 집으로 돌아와서도 계속 상담이 이루어진다. 각종 투자정보나 지역의 개발 상황, 아파트 시세 등에 대해 자체적으로 소식지를 만들어 지속적으로 보낸다. 이렇게 큰돈 들이지 않고도 고객관리를 할 수 있다.

이번에는 주유소에 가보자. 주유소 역시 어디를 가나 볼 수 있다. 그런데 연일 고객이 넘치는 주유소는 다르다. 일단 한 번이라도 주유를 한 고객에게는 차량번호를 사장이 직접 쓴 통장을 주면서 매번 주유할 때마다 기록해놓는다. 이번에 5만 원어치 기름을 넣으면 통장에 자동적으로 기록되고 일정 액수가 되면 세차 무료는 기본이고 주유도 할인도 해준다.

주유를 하기 위해 들어서면 차를 닦아주는 것은 기본이고 내부, 외부를 청소해주는 것은 흔한 일이다. 커피 역시 10가지 종류를 준비해놓고 손님이 원하면 빠른 속도로 냉커피는 물론이고 명품 코너에서 판매되는 커피까지 무료로 제공한다. 이러니 고객이 연일 몰리는 것이다.

병원의 경우를 살펴보자. 목이 부어 이비인후과에 가보면 의사가 이것저것 살펴보고 처방에 대해 설명해준다. 모든 병원이 유사하다.

그러나 연일 환자가 몰리는 병원은 뭔가 다르다. 입구에 들어서는 순간 요구르트, 커피, 아침에는 간단한 토스트까지 구워서 우유와 함께 제공한다. 안마의자도 준비해놓았다. 일단 한 번 다녀간 환자는 철저하게 관리한다.

병원의 특성상 환자가 건강한 상태에서 치료 서비스를 할 수는 없지만 건강 관련 정보를 지속적으로 제공해준다. 한 번 다녀간 환자에게 작은 열쇠고리를 선물로 주는 병원도 있다. 어린아이의 경우 장난감도 선물로 준다. 그리고 즉석에서 사진도 찍어준다.

진료를 하는 의사가 장난감 총을 가지고 있으면서 산만한 아이에게는 총소리를 내며 조용히 시킨다. 그리고 간단한 마술쇼도 보여준다.

할머니 환자가 찾아오면 어머님, 나이 드신 남자 환자가 오면 큰형님, 나이 드신 여자가 찾아오면 누님, 젊은 환자가 찾아오면 동생처럼 다정하게 대한다. 어린이 환자가 찾아오면 뻐꾸기 소리도 내기도 하고 손으로 바람 소리도 낸다. 그래서 어린아이들이 무척 좋아하는 병원이 있다. 돈 안 들이고 환자 고객을 관리하는 것이다.

고객을 부르는 서비스 Tip

동네병원은 조금만 신경을 쓰면 큰돈 들이지 않고도 얼마든지 환자를 관리할 수 있다. 한 번이라도 자신의 병원을 다녀간 환자라면 최대한 평생고객이 되도록 노력해야 한다. 물론 병을 다 고치면 오지 않겠지만, 이들이 소개해주는 환자도 무시할 수 없기 때문이다.

이제 환자가 고객인 시대가 도래했다. 오늘 방문한 환자가 얼마나 만족을 하고 돌아갔는지 생각해보자. 그저 진료만 잘하고 친절이라고는 찾아볼 수 없는 동네병원이라면 더 이상 환자를 유치하기 어렵다. 간호사, 의사, 원무과 직원 등 모두 자신이 관리하는 환자가 있어야 한다. 의사만 환자를 관리하는 것은 아니다. 간호사의 친절한 태도가 병원을 바꿀 수 있다는 사실을 명심하자.

 ## 첫 대면이 중요하다

더운 여름날 냉면이 먹고 싶어 음식점 문을 여는 순간 찌는 더위를 한꺼번에 확 날려버릴 수 있는 냉기가 온몸을 스쳐 들어올 때 "야, 끝내주게 시원하다. 바로 이 음식점이야" 하면서 곧바로 들어가 냉면을 시킬 것이다.

그러나 만약 음식점 문을 여는 순간 뜨거운 바람이 나오거나 종업원들이 테이블 밑에서 자고 있다면 아무리 소문난 음식점이라도 "이 음식점은 아니야. 다른 곳으로 가야겠군" 하면서 음식점 안으로 들어가던 것을 멈추고 다른 곳으로 갈 것이 분명하다.

고객과 접촉하는 순간을 전문용어로 설명하자면 서비스 인카운터(Service Incounter, 서비스 접점)라고 한다. 사람과 사람이 만나는 순간만 서비스 접점이라고 일컫는 것은 아니다. 사람과 사물이 만나는 순간도 서비스 접점이 될 수 있다. 예를 들면 호텔 입구에 들어서는 순간 로비 공간이 아름답게 설계되어 고객이 감탄사를 자아낸다면 고객과 호텔 로비가 만나는 순간이 바로 서비스 접점이 되는 것이다.

병원도 마찬가지다. 서비스 접점이 무엇보다도 중요하다. 동네 병원에 들어서는 순간 "안녕하세요? 목은 어떠세요? 아직도 아프신가요?"라는 말을 듣는다면 환자는 "내가 일주일 전에 목이 부어 주사를 맞고 간 사실을 기억하고 있다니, 정말 놀라운데" 하면서 몹시 흡족해할 것이다. 자신을 알아보는 것도 중요한데, 더욱 놀랍게도 목이 부은 것까지 기억하는 병원 직원이 고마운 것이다.

첫 대면에서 환자를 알아보는 직원과 달리 병원에 환자가 들어서자 "안녕하세요? 어디가 불편하셔서 오셨습니까?"라고 환자에게 물어보았다고 가정해보자. 아마도 환자는 "이 병원을 다녀간 지 겨우 3일도 지나지 않았는데 나를 기억하지도 못하고 어디가 아파서 왔냐고 하다니?" 하면서 몹시 기분이 상할 수도 있다. 간호사가 직접 주사까지 놓아주었으면서도 말이다.

이렇듯 첫 대면이 상당히 중요하다. 그래서 입구 간판이 멋있게 보이기 위해 노력하는 것이다. 병원 간판이 아주 작아서 외부에서 식별하기 힘들다면 이 역시 서비스 접점에 대해 병원장이 무지한 것이다. 특히 의사나 간호사, 원무과 직원과 같이 환자와 일대일로 접촉하는 횟수가 많은 사람들이 서비스 접점의 중요성을 깨닫지 못한다면 환자는 점점 줄어들 것이다.

환자가 문을 열고 들어서는 순간 더운 여름날이라면 시원한 바람이 환자의 몸을 감싸고 돌아야 한다. 여기에다 입구의 원무과에 서 있는 직원이 공손하게 인사를 해보자. "안녕하세요. 일주일 전에 오실 때는 잘생긴 아들하고 같이 오시더니 이번에는 혼자 오셨어요?"라고 해보라. 아들까지 기억하는 원무과 직원이 무척 고마울 것이다.

이어 원무과 창구에 다가서는 순간 "김○○ 씨죠?"라고 해보라. 환자가 졸도할 것이다. 환자는 계속 동네의 작은 병원에서 감동한다.

이윽고 간호사가 불러 의사 앞에 앉자 "지난번보다 얼굴색이 좋아진 것 같습니다. 허리 부위는 그 이후 힘드시지는 않으셨나요?"라고 말한다. 그 말을 의사한테 듣는 순간 "내 얼굴이 좋아졌나? 그런데 내가 허리 아픈 것을 기억하다니. 그것도 거의 한 달 전에 이 병원을 다녀갔는데 말이야" 하면서 입구에 들어서는 순간부터 계속 감동한다.

서비스 접점이란 바로 이런 것이다. 첫 대면이 얼마나 중요한지는 나이트클럽에 가보면 실감할 수 있다. 어두컴컴한 테이블에서 부킹을 한다고 가정해보라. 불빛에 비친 당신의 얼굴을 보는 순간 "악, 저렇게 얼굴이 못생기다니. 게다가 저 복장이 뭐야" 하면서 당신 테이블 위에 양주가 있고 맛있는 과일이 수북이 쌓여 있어도 그냥 획 가버릴 것이다. 첫 대면에서 상대방에게 엉망으로 보였기 때문이다.

  그래서 나이트클럽에 가서 부킹을 하려면 멋있는 복장, 화장, 조명발 잘 받는 옷을 입고 가야 당신을 보는 순간 멋있어서 상대방이 기분 좋게 합석을 하는 것이다. 첫 대면이 기분 좋게 이루어져야 다음 순서를 기대할 수 있다.

고객을 부르는 서비스 Tip

  적자에 허덕이던 사우스웨스트 항공사를 흑자로 전환시킬 때 사용한 것이 바로 첫 대면 15초였다. 승객을 대하는 순간 사우스웨스트 항공사 전 직원은 15초 동안 승객의 얼굴을 보고 웃기로 한 것이다. 이러한 사우스웨스트 항공사의 친절 이미지가 브랜드화되어 전 세계적으로 유명한 항공사들을 물리치고 친절의 대명사 항공사로 각인된 것이다.

  병원에서는 첫 대면에서 어떻게 환자를 감동시킬 것인가. 대학병원과 같이 큰 병원이라면 환자가 들어서는 순간 병원 건물을 보고 놀랄 수 있다. 동네병원이라면 환자와 병원 직원이 첫 대면하는 순간 환자를 기억해주고 환자의 아픈 곳을 알아주는 것이 중요하다. 병원에 들어와 진료를 마치고 나가는 순간까지 접촉하는 사람마다 계속 감동을 받게 해야 한다. 그것은 바로 직원들이 환자를 대하는 첫 대면에서 결정나는 것이다.

Part **5**

환자가 몰리는
병원은 다르다

역발상으로 환자를
관리하는 병원

　　　　"그 병원에 가면 끝내준다니까. 서
비스가 만점이고 특이한 병원이야. 아프면 한번 가보라고. 그런
데 당신이 입원을 하고 싶다고 무조건 받아주는 병원이 아니야."

　이런 병원이 있다면 아마도 흥미를 갖고 아플 때 한 번쯤 방문
할 것이다. 도대체 어떤 병원이길래 아무나 받아줄 수 없다고 하
나 궁금하다. 일단 이 병원에서는 진료한 후 환자가 장기간 입원
해야 하는 경우에는, 예를 들어 1년 이상 입원해야 하는 환자는
다른 병원으로 옮겨가도록 한다. 중환자는 절대 받지 않는 것이
이 병원의 원칙이다.

　또 다른 점은 병실에 텔레비전이 한 대도 없다. 병원 중앙 로비
에 텔레비전이 딱 한 대 있는데 텔레비전을 보고 싶은 환자는 병
실에서 일어나 중앙 로비로 가야 한다. 목발을 짚고 가든지 휠체

어를 타고 가든지 그것은 자유다. 이것저것 안 되면 누가 부축해서라도 가야 한다. 텔레비전을 보고 싶은 환자라면 말이다.

환자들이 병실 침대에서 먹기만 하고 움직이면서 운동을 하지 않기 때문에 이런 아이디어를 내놓았다고 한다. 처음에는 환자들로부터 큰 반발이 있었지만 그 취지를 알고는 이내 수그러들어 환자들 스스로도 이제는 좋아한다고 한다. 텔레비전 앞에서 화면에만 집중하다 보면 눈도 피로하고 운동을 할 수 없어 근육도 마비되고 여러 가지 나쁜 점이 많아 이런 제도를 도입했다고 한다.

"○○○ 환자님, 취미가 바둑이시라고요? 잠시만 기다리세요. 병실을 안내해드리겠습니다"라는 간호사의 말을 듣고 따라가 보았더니 이게 웬일인가! "여기가 바둑을 두는 기원인가? 모든 환자들이 환자복을 입고 바둑을 두고 옆에서는 훈수를 두고 있네. 저쪽은 뭐하느라고 난리지? 저기는 장기를 두고 있네." 너무도 놀랐다. 병원에서 이렇게 환자들이 모여 바둑을 두는 것 자체가 이해되지 않았다.

그러나 간호사의 설명을 들어보니 병원 측의 배려가 엄청나다는 것을 알 수 있었다. 이 병원에서는 입원 환자들의 취미를 최대한 고려해서 같은 병실을 사용하도록 한다. 물론 1인실은 예외지만 말이다. 2인실, 6인실, 7인실 등의 병실에서는 취미가 같은 사람들끼리 병실을 배정한다고 한다.

예를 들어 처음 간호사와 면담할 때 등산이 취미라고 하면 등산을 좋아하는 환자들과 같은 병실을 사용하도록 한다. 바둑, 카드놀이, 뜨개질, 노래, 춤, 등산, 미식, 미술, 음악 등 취미는 개인에 따라 다르다. 이런 취미까지 세심하게 고려해서 병실을 배정하면 단 며칠 동안 입원한다 해도 지루하지 않기 때문이다.

"뭐라고요? 병실 내부 디자인을 환자와 상담한 후 결정한다고요? 참 특이한 병원이군." 이번에는 환자가 병실을 정하는 병원이 있다고 하니 이 역시 특이하고 흥미로운 병원이다.

입원하려는 환자는 간호사의 친절한 설명을 먼저 듣는다. 이 병원은 다양한 병실로 꾸며져 있어 1인실이라 해도 음악을 들을 수 있는 완벽한 시스템을 갖춘 병실이 있는가 하면, 내부가 완전히 풍경화로 장식되어 마치 설악산의 가을 풍경을 구경하는 듯한 착각이 들 만한 병실도 있다.

또 각종 운동을 할 수 있는 체력단련 도구를 즐비하게 갖추어놓은 병실, 꽃으로 온통 장식한 병실, 서예로 장식해놓은 병실, 환자가 영화를 좋아하는 영화광이라면 영화를 마음대로 볼 수 있도록 미니 영화관을 꾸며놓고 운영하는 병실도 있다.

또 다른 병원에서는 환자가 이쪽저쪽으로 옮겨다니면서 진료를 받는 것이 아니라 의사들이 3~4명 모여서 환자의 상태를 종합적으로 검토한 후 중환자라면 한 곳에서 진료를 모두 끝내고 곧바로 수술을 한다고 한다. 이 역시 점점 빠른 서비스에 익숙해진 환자들을 배려한 병원이 아닌가 싶다.

당일 접수, 당일 수술, 당일 퇴원, 이런 병원이 있다면 많은 환자들이 몰릴 것이다. 아주 작은 상처도 엑스레이 검사, 피 검사,

시력 검사, 조직 검사, 항문 검사, 위 검사 등 검사만 해도 수십 가지가 넘는다. 환자는 고작 차량을 운전하다 접촉사고를 내고 병원에 왔을 뿐 아무 질환이 없는데도 말이다.

고객을 부르는 서비스 Tip

병원에 가면 가장 짜증스러운 일 중 하나가 입구에 있는 원무과 접수 창구다. 오랜 기다림 끝에 접수를 마치고 들어가면 이번에는 검사가 기다리고 있다. 여기서 한참 동안 시간을 보낸 후 진료실 앞에 가서 또 한참을 기다린다. 드디어 시간이 되어 의사와 면담을 하면 이번에는 다른 진료 차트가 도착하지 않아 또다시 기다린다.

그리고 각 과에서 진료나 검사를 받을 때마다 또 번호표를 뽑고 돈을 내기 위해 기다려야 한다. 지난번에 이미 모든 검사가 끝났는데 다시 처음부터 시작해야 한다. 응급실은 더욱 그렇다. 기본이 한 시간 이상이다. 한 시간 이상 기다린 후 드디어 내 차례가 왔지간 다시 검사를 받아야 한다며 힘들게 한다.

# 차별화된 노인병원의
획기적인 운영 방안

머지않아 노년층 인구가 급격히 증가
할 것이다. 의료기술이 나날이 발전하고 건강관리를 중요시함에
따라 인간의 수명이 길어지기 때문이다.

앞으로 건강관리만 잘하면 120세까지 살 수 있다는 말이 진실
인 것 같다. 머지않아 인간의 모든 내부 구조를 지도 한 장으로
볼 수 있어 아픈 곳만 교체하면 오랫동안 살 수 있다. 신장이 나
빠 신장이식을 하는 것과 같이 말이다.

이렇듯 인간의 수명이 점차 길어진다. 이런 추세를 감안할 때
노년층 인구가 늘어나는 것은 기정사실화된 것이고 노인을 전담
하는 병원 역시 늘어날 것이 뻔하다.

그러나 노인을 전담하는 병원이라고 그럴듯한 구호만 외쳤지
막상 내부를 들여다보면 뭐가 다른지 모르겠다. 일반 병원과 유

사하다. 단지 간판만 그럴싸하다. 따라서 앞으로 노인병원을 차별화할 수 있는 획기적인 운영 방안에 대해 심도 있게 설명해보기로 하겠다.

첫째, 병원의 구조부터 달라야 한다. 노인들이 쉽게 이동할 수 있도록 모든 동선이 노인들을 위해 설계되어야 할 것이다. 검사실, 진료실, 원무과 등 각 진료과가 한 곳에 밀집되어 있어야 이동이 편하다.

둘째, 나이 드신 분들은 노환으로 인해 글씨가 잘 안 보인다. 그래서 노인들이 작성하는 병원 관련 각종 용지는 다른 용지보다 크고 쉽게 알아볼 수 있도록 큰 글씨로 인쇄되어야 한다.

셋째, 노인들의 마음을 치료할 수 있는 기센터나 심리치료 등을 복합적으로 할 수 있는 진료실이 필수라고 본다. 나이가 들면 마음이 허전해질 수 있기 때문이다.

넷째, 음식이다. 노인들이 즐겨 먹을 수 있는 음식이 필요하다. 건강관리 차원에서 필수적으로 영양분을 충분히 고려한 음식이 되어야 할 것이다. 이를 위해서는 노인층을 위한 별도의 웰빙 음식 센터가 필요하다.

다섯째, 가능한 한 대화를 할 수 있는 폭을 넓히기 위해 대화방을 운영한다. 노인들이 즐겨 대화를 할 수 있도록 사랑방과 같은 센터를 병원에서 운영한다.

여섯째, 온천을 즐길 수 있도록 온천탕을 만들어 운영한다. 온천이 있는 곳에 병원이 설립된다면 노인들에게 이보다 더 좋은 장소는 없다.

일곱째, 병실 안을 모두 편리한 시스템으로 설계한다. 예를 들어 텔레비전이나 욕실 내의 도구는 모두 가만히 앉아서 조정이 가능하도록 유비쿼터스 시스템을 적용한다. 노인들이 편하게 작동하기 위해서다.

그리고 노인들이 사용하는 휴대전화 역시 복잡한 구조가 아닌 아주 단순하게 조립된 것을 지급한다. 그저 누르기만 하면 통화가 가능한 휴대전화를 병원에서 제공한다.

여덟째, 타령이나 창을 전문으로 공연하는 공연장을 상설로 병원 내에 설치하여 노인들이 즐겨 찾도록 한다.

아홉째, 가족들과 면회가 가능하도록 병원이 도심에서 멀지 않은 곳에 위치한다.

노인병원을 운영하는 사람들은 공기 좋고 산수 좋은 곳을 찾아 도심지에서 멀리 떨어진 곳에 병원을 지으려고 하는데, 이는 가족을 고려할 때 문제가 된다. 가능한 한 도심지를 벗어나지 않은 곳에서 노인병원을 운영해야 할 것이다.

열째, 가능한 한 의료진 모두 나이가 많이 든 의사나 간호사를 고용해야 한다. 노인들을 이해할 수 있는 사람이 필요하기 때문이다.

마지막으로, 노인들에게 웃음을 제공할 수 있도록 웃음치료와 같은 프로그램을 정기적으로 운영한다. 만담 프로그램, 노인들이 좋아하는 개그 프로그램, 노래방 프로그램 등 복잡하고 번잡한 것보다는 단순하면서도 흥미와 재미를 제공할 수 있는 프로그램을 개설해서 운영해야 할 것이다.

고객을 부르는 서비스 Tip

최근 노인 인구가 급증하면서 노인과 관련된 병원이 우후죽순으로 세워지고 있다. 물론 일부 병원은 제대로 관리하여 운영이 잘되는 편이지만 대부분의 노인병원은 노인 환자들을 위한 운영이 미흡한 형편이다.

일본은 호텔보다 여관의 이용료가 비싸다. 일본의 시시엔 여관 같은 숙박업체는 오랜 전통을 가진 곳으로 유명하다. 여관에 종사하는 직원들의 나이가 평균 60세를 넘는다고 한다. 나이 든 노년층을 고용해서 오히려 젊은 직원들보다 서비스를 잘한다고 하니 가히 대단한 여관임에 틀림없다. 그래서 전통도 있는 것이다.

이는 노인병원의 차별화를 위해서도 좋은 방법이다. 구성원 모두를 노인층으로 구성해서 운영해보는 것도 좋은 아이디어가 아닌가 싶다.

# 병원 매출 두 배 올리는 방법

서비스가 끝내줘야 고객이 몰리는 법이다. 이제는 평범한 서비스를 제공해서는 고객이 오지 않는다. 어쩌다 한 번 들를 수는 있겠지만 재방문을 기대할 수는 없다.

호텔식 서비스가 감동 차원을 넘어 고객을 졸도시키는 데는 다 이유가 있다. 강남의 한 호텔에서는 신혼부부가 지방에서 서울로 올라와 호텔에 투숙하는 경우 직접 공항까지 신혼부부를 모시러 간다. 게다가 이들 부부가 평생 동안 한 번도 타보지 못하고 죽을 수도 있는 최고의 차량으로 모시는데 차 가격만 해도 1억 8000만 원 정도 된다.

"저런 차는 구경도 못 했는데 우리를 위해 준비하다니! 이 호텔에 예약하기를 정말 잘했어" 하면서 고객은 무척 흡족해한다. 이런 서비스를 호텔에서 제공하는 것이다.

병원의 경우를 살펴보자. 요즘 서울에서 암 치료를 잘해 전국에서 환자들이 몰리고 있는 병원이 있다. 암의 경우 전문적으로 치료하는 병원에 많은 관심을 갖고 실제로 그런 병원으로 환자들이 몰린다.

서울 시내에 거주하는 환자라면 당연히 지하철이나 자가용을 이용하겠지만 멀리 부산이나 목포 등에서 오는 환자나 가족들은 매우 불편하다.

이런 점에 착안하여 호텔에서나 실시하고 있는 감동 서비스를 병원에서 실시하고 있다. 환자나 환자 보호자들이 KTX를 타고 용산역이나 서울역에 도착하면 환자를 픽업하기 위해 역에서 대기하고 있다.

환자가 도착하는 순간 피켓을 들고 나가 직접 환자를 태워 병원까지 직행한다. 병원에 도착하자마자 원무과에서 등록도 하지 않은 채 곧바로 진료실로 향한다. 번거로운 일을 환자나 가족들에게 부담시키지 않는다.

이 병원은 암 치료로 유명한 것은 물론 환자나 가족들을 위한 서비스도 끝내주는 것으로 알려졌다. "그 병원 말이야, 암 치료만 완벽한 것이 아니고 서비스도 끝내준다고. 환자가 저절로 병이 나을 정도라니까" 하면서 치료를 끝낸 환자들이 이구동성으로 소문을 내고 다닌다.

또 다른 병원에서도 장기 치료가 필요한 환자들을 위해 호텔식 서비스를 제공하고 숙박까지 제공한다. 물론 일부의 돈을 받지만 말이다. "아니, 그렇다면 병원이 아니고 호텔에서 진료를 하는 것입니까?"라고 물을 수도 있기에 명확하게 설명하겠다.

장기적으로 입원하는 경우 환자나 가족들에게 큰 짐이 될 수 있다. 병원에서 치료를 받으면서도 늘 집에 언제쯤 갈까 기대하고 집에 가서 푹 쉬고 싶은 마음이 굴뚝같지만 그게 쉽지 않은 것이 병원 생활이다.

그래서 병원에서는 이런 고충을 덜어주기 위해 대학에서나 실시하는 임대 형식의 아파트를 빌려 내부를 고급스럽게 꾸며놓고 환자와 가족들에게 제공한다. 환자 가족의 입장에서는 덩달아 병원 생활 하느라 힘들었는데 병원 가까이 있어 자주 드나들면서 음식을 직접 해먹을 수도 있어 좋다. 환자 역시 상태에 따라 병원 인근의 아파트에서 통원치료를 한다. 마치 병원에서 퇴원한 기분이다. 장기적으로 병원에 입원해 있는 환자로서는 정말 좋은 일이다.

요즘 어디를 가나 산부인과 간판을 쉽게 볼 수 있다. 그러나 저출산의 영향으로 산부인과도 고전을 면치 못하고 있다. 아이를 낳아야 산부인과도 운영할 수 있을 텐데 말이다.

서울의 어느 산부인과에서는 소중한 아이의 탄생을 축복하기 위해 다큐멘터리를 제작한다. 요즘 추세가 아이를 한 명 이상 낳지 않는 것을 감안하면 평생 동안 한 번 낳는 아이를 축복해주기 위해서 말이다.

산부인과에서 임신 진단을 받은 후부터 계속 촬영한다. 산모의 말을 적절하게 섞어가며 "아이가 지금 배에서 움직이고 있어요. 여기 보세요. 아니, 발로 팍팍 차는 기분이네요. 정말 신기해요" 하는 말을 다큐멘터리 제작에 삽입한다. 한마디로 끝내주는 서비스다.

이 다음에 아이가 커서 중학생이나 고등학생이 되었을 때 다큐멘터리를 보여준다면 "내가 저럴 수가. 정말 감탄이야. 우리 엄마가 나를 낳기 위해 무척 고생했구나. 열심히 공부를 해야지" 하면서 부모님이 자신을 위해 다큐멘터리까지 제작한 것에 다시 한번 감사할 것이다. 열심히 공부도 할 것이다. 그리고 어쩌다 부부 싸움을 하다가도 아이의 다큐멘터리를 보고 눈물을 흘리며 싸움을 멈출 것 아닌가.

 # 맞춤형 성형 서비스

고객의 눈높이에 맞추어야 하는 시대가 왔다. 고객의 눈에 사이클을 맞추면 반드시 고객이 졸도한다. 일본의 한 음식점에서는 이런 일이 있었다고 한다.

음식점 주인은 자신이 살고 있는 지역에서 오랫동안 사람들에게 몹쓸 행동을 하여 지역 주민들로부터 왕따를 당했다. 그러니 고객이 찾아올 리가 없다. 아무리 열심히 노력해도 음식점에 손님이 오지 않는 것이다.

하루는 열심히 일하고 있는데 스님이 들어와 목탁을 두드리면서 공양을 요청했다. 주인은 손님이라고는 한 명도 오지 않는데 스님이라도 와서 목탁을 두드리니 얼마나 반가운지 몰랐다. "스님, 어서 안으로 들어오십시오. 영업이 잘되지 않아 지금까지 손님 한 분 오지 않았는데 스님께서 이렇게 찾아주시니 고맙습니다" 하면서 친절하게 스님을 맞이한 후 식사를 마련해주자 스님이 기뻐하였다고 한다.

스님이 장사가 안 되는 이유가 무엇인지 물어보자 이 청년은 과거 자신이 주변 사람들에게 행패를 부린 적이 있어 자신이 운영하는 음식점에 손님이 오지 않는다고 말했다. 그러자 스님은 가만히 천장을 바라본 후 청년에게 이런 말을 하였다고 한다. "자신을 낮추고 손님에게 맞추어 접대하다 보면 언젠가는 이 지역에 사는 사람들도 당신을 이해할 거요" 하면서 아이디어를 하나 말해주고 실천해보라고 하였다.

스님이 전해준 아이디어는 음식을 먹고 난 후 돈을 지불하는 카운터 밑을 1미터 정도 파서 손님이 나갈 때 반드시 그 안에 들어가 돈을 받으라는 것이었다.

이 말을 들은 청년은 좀 이상했지만 당장 카운터 아래를 1미터 정도 파서 그 안에 들어가 보았다. 그의 키가 1미터 80센티미터인데 겨우 80센티미터밖에 되지 않았다.

어쩌다 한 번 들른 고객이 그 장면을 보니 우습기도 하고, 돈을 지불하는 고객은 위에서 손을 내리게 되고 주인인 청년은 손을 위로 올려 받게 되었다.

고객은 "과거에 못된 행패를 부리던 사람이 완전히 변해버렸군. 고객을 위해 자기를 낮춘 것이 확실해" 하면서 입소문을 내어주었고, 이후 고객이 한 명 두 명 늘어나 결국 음식 장사로 대박이 났다고 한다.

병원도 마찬가지다. 성형외과에는 매일 많은 여자들이 몰린다. 돈 좀 있는 사람은 얼굴이나 가슴 성형하기를 간절히 바라기 때문이다. 그러나 부작용도 가끔 있다. 그래서 성형외과에서는 성형을 원하는 사람의 얼굴을 시뮬레이션 같은 장비를 이용해 자신이 원하는 스타일로 바꿔준 후 만족하면 성형수술을 한다.

다시 말해 코를 어느 정도 세울 것인지도 사진만 보고 결정할 것이 아니라 현재의 얼굴을 그대로 놓고 적당한 코의 높이를 시뮬레이션으로 알아보는 것이다. 시뮬레이션은 현재의 얼굴을 그대로 놓고 하는 것이기 때문에 수술 실패의 부담도 덜고 수술 후의 상태도 미리 실감할 수 있어 일석이조의 효과를 볼 수 있다.

성형외과라면 얼굴 모습을 컴퓨터 화면에 나타나게 하여 자신이 원하는 스타일을 고객이 직접 선택하도록 한 후 그대로 의사가 진행하면 된다. 머리 스타일과 달리 성형수술은 한 번 하면 평생 갈 수도 있기 때문에 처음부터 철저하게 고객과 면담을 거쳐 가상의 얼굴을 보고 결정해야 하므로 쉬운 일은 아니다.

세계 유명 병원으로 떠나보자

세계적으로 널리 알려진 병원에서는 환자들에게 어떻게 서비스하는지 알아보자. 한마디로 대단한 서비스를 연출하고 있다. 의사만 볼 수 있는 진료기록 시스템(EMR)을 환자와 의사가 같이 볼 수 있도록 하였다. 의사들이 휘갈겨 써서 무슨 뜻인지 이해하지 못했던 진료기록을 환자들이 볼 수 있게 하였다.

간병인이나 보호자가 필요 없이 간호사와 환자의 비율이 거의 똑같은 병원도 있다. 앰뷸런스를 불러 타고 올 시간이 없는, 즉 한 시간 후면 죽을 수도 있는 중환자를 위해 공중으로 환자를 수송하는 환자용 고속 헬기도 띄우고 있다. 병원에 전화만 하면 곧바로 헬기가 환자가 살고 있는 집 지붕에서 맴돌고 있다.

병원에 가보면 환자는 바쁘다. 이쪽저쪽으로 의사를 찾아다니면서 진료하느라 검사하느라 눈코 뜰 새 없이 바쁘다. 앞에 많은 환자들이 대기하고 있으면 기다리느라고 하루 종일 다 보낸다. 이런 불편함을 없애기 위해, 특히 중환자의 경우 시간이 촉박하다면 의사들이 환자를 찾아가 한 장소에서 모든 검사를 마치는 것은 물론이거니와 치료도 할 수 있도록 배려한다.

병원 차별화 전략의 하나로 아주 돈이 많은 부유층을 상대로 하는 병원도 있다. 24시간 외래진료는 기본이고 호텔의 일류 주방장을 고용해서 음식 맛뿐 아니라 영양 만점의 요리를 만들어 환자에게 제공한다. 이 병원에서는 음식 맛이 없다거나 영양이 없다는 말은 더 이상 찾아볼 수 없다. 멀쩡한 사람도 병원에 와서 스테이크를 먹고 갈 판이니 말이다.

"오늘 간호사와 의사의 옷차림이 끝내주는군. 여기가 병원이야, 패션쇼를 하는 곳이야?" 하며 환자들이 깜짝 놀란다. 이 병원에서는 일주일에 하루를 정해 특정한 날에는 최고의 복장과 화장으로 출근하여 환자나 가족들을 맞이한다.

무혈수술은 기본이고 수술한 당일 퇴원할 수 있는 완벽한 시스템도 갖추고 있다. 환자를 먼저 진료하고 나중에 돈을 계산하는 제도를 실행하는 병원도 있다. 물론 신원이 확실한 환자에게만 적용되는 것이지만 말이다. 환자나 가족 입장에서는 반가운 일이다. 일시에 모든 일을 해결할 수 있기 때문이다.

환자와 의사, 간호사가 모두 일상복으로 갈아입고 운영하는 병원도 있다. 환자가 꼭 환자복만 입으라는 법은 없다. 의사 역시

하얀 가운 대신 깨끗하고 멋있는 양복을 입고 근무한다.

잠을 편하게 잘 수 있는 베개를 제공하는 병원도 있다. 이 병원에서는 건강 의료기기 회사와 공동으로 매년 장애인들이 편하게 사용할 수 있는 기기 박람회도 개최한다.

미국의 한 병원은 일단 한 번이라도 입원 진료를 받기만 하면 평생 이 병원의 관리대상 환자로 등록되어 언제 어디서나 자신의 병에 대한 진료나 의문점에 대해 문의하면 답변을 해준다.

뿐만 아니라 산부인과에서 산모가 아이를 낳으면 백일이나 돌에 축하카드를 보내는 것은 기본이고, 정기적으로 예방주사를 맞아야 할 시기를 문자메시지나 기타 보도자료를 통해 산모에게 알려주는 병원도 있다.

고객을 부르는 서비스 Tip

병원의 마케팅 차원에서 환자를 만족시킬 수 있는 서비스를 지속적으로 개발해야 한다. 서비스의 특성상 쉽게 모방하고 따라 할 수 있으므로 병원을 운영하는 경영자는 다른 나라에서 실시하고 있는 환자를 위한 좋은 서비스를 계속 찾아보고 실습 및 현장견학을 해야 한다.

고기를 낚으려면 물때가 좋은 장소를 찾아가 그물을 펴고 낚싯대를 던져야 한다. 직접 발로 뛰면서 현장을 방문해 우리 병원에 접목할 수 있는 좋은 아이디어를 찾아보자.

# 태국의 **범룽랏** 병원

세계 최고를 지향하는 사우스웨스트 항공사, 세계 최고의 호텔 서비스를 제공하는 오리엔탈 호텔, 세계 최고의 삼성전자, 세계 최고의 인터넷 업체 구글 등 세계 최고를 지향하는 기업은 뭔가 다르다. 고객을 위한 서비스를 최고의 목표로 세워 고객을 감동시키는 데 온 정열을 쏟는다고 보면 된다.

병원 역시 마찬가지다. 세계 최고의 병원이라면 당연히 환자를 최고의 서비스로 모시는 병원이 아닌가 싶다. 이런 세계 최고를 고수하는 기업들은 다 이유가 있다. 그저 그런 서비스를 제공해서는 절대로 세계 최고가 되지 못한다.

치료 목적으로 태국에 여행을 가본 사람이라면 범룽랏 병원에 한 번쯤 들렀을 것이다. 1980년에 겨우 200병상으로 시작하여 현재는 약 600병상의 규모를 갖추고 있는 이 병원은 전 세계에서 환자들이 몰리는 병원이다. 잘사는 나라, 예를 들면 미국, 이탈리아, 프랑스와 같은 돈 많은 나라의 부자들이 이 병원을 찾는다고 한다.

이 병원을 전 세계의 환자들이 찾는 이유는 무엇일까? 태국에 있는 범룽랏 병원에 들어가서 살펴보기로 하자.

이 병원의 외국인 환자 수를 알아보았더니 연간 약 154개국에서 30만 명의 환자들이 이 병원을 찾는다고 하니 세계를 지향하는 병원은 뭔가 다르다는 것을 알 수 있다. 환자 비율은 약 40퍼센트가 외국인이라고 한다. 그저 외국인 몇 명 다녀가고 나서 떠드는 병원과는 게임이 되지 않는 수치다.

병원에서 근무하는 직원 수는 약 2000명, 의사는 700명이다. 중요한 것은 전 세계 환자를 진료하기 때문에 의료 분야의 선진국이라고 할 수 있는 미국에서 미국의사자격증을 취득한 사람이 약 1/3이라고 한다. 그렇다면 외국어 실력도 상당하다고 보면 된다. 대부분의 의사가 어학에 능통하지만 특히 미국에서 자격증을 취득했다면 의사들의 어학 수준도 상당하다고 보면 된다.

또한 이들의 마케팅 능력도 대단하다고 한다. 전 세계를 무대로 환자를 유치하는 관계로 전 세계 여러 나라에 사무실을 운영하며 병원 홍보 및 네트워크 역할을 한다. 또 한 가지, 이 병원은 세계 최초로 ISO9001 인증을 받았고, 국제병원 인증도 2002년 아시아에서 최초로 받아 이미 오래전부터 전 세계 환자를 상대로 병원을 운영하려는 의도가 확실했다고 보면 된다.

이렇게 전 세계에서 많은 환자들이 몰리는 이유 중 하나는 의료진의 실력도 실력이거니와 가격 면에서 저렴하다는 장점을 빼놓을 수 없다. 가격경쟁력은 무엇보다 중요하다. 특히 해외 보험회사와 직접 계약을 맺은 것만 해도 60개가 넘는다고 한다.

태국의 경우 유명 관광지와 연계한, 소위 말하는 치료관광 개념이 확실히 정립된 나라로 환자들은 관광도 하고 병도 치료하는 일석이조 효과를 누리고 있다. 이 또한 패키지 차원에서 모든 것을 하나의 가격으로 책정하기 때문에 환자들로서는 이보다 더 좋을 수 없다. 단지 치료만 하기 위해 이 병원을 찾기도 하지만 치료 후 유명 관광지를 여행할 수 있다는 장점도 있기 때문에 전 세계 환자들이 이 병원에 열광하는 것이다.

먼 나라에서 오는 환자들을 위해 병원 주변의 특급 호텔과 연계한 숙박권도 이 병원에서 판매할 정도라니 가히 짐작할 만하다. 병원 내의 시설 배치도 모두 환자 중심으로 설계되어 있다.

먼 나라에서 오는 환자들은 긴 여행으로 인해 피곤한데 등록하는 절차까지 까다롭다면 외국 환자들에게 큰 인기가 없었을 것이다. 이 병원에서는 먼저 치료하고 돈은 나중에 지불하는 제도를 실시해 환자들에게 큰 인기를 얻고 있다.

병원 내에서 모든 물품을 구입할 수 있도록 내부 환자들을 위한 시설도 없는 것이 없을 정도다. 또 병원에서는 기부와 관련된 프로그램도 운영하고 있어 불우한 환자나 사회봉사활동에서도 병원이 큰 일을 하고 있다는 인식을 심어준다.

병원의 경쟁력은 여러 가지가 있겠지만 특히 세계를 지향하는 병원이라면 과감한 변화를 시도해야 한다. 국내 병원은 아직 치료관광 개념이 명확하게 도입되지 않았지만, 병원에서는 관광+치료+기념품 구입+문화 체험 등과 같은 프로그램을 하루빨리 실행할 필요가 있다. 외국인 환자들을 위한 통역도 시급하다. 14억 인구를 지닌 중국인들이 치료를 위해 한국에 온다면 통역하는 문제가 당장 시급하다.

Part 6

다양한 마케팅 전략을
세워야 한다

 # 병원도 홍보가 필요하다

요즘은 홍보의 홍수 시대라고 할 정도로 홍보가 넘친다. 병원도 마찬가지다. 알리지 않고 유명세를 얻는다는 것은 극히 어려운 일이다.

그러나 병원을 알리기 위해 간단한 현수막을 걸어놓는 데도 의료 광고의 사전심의를 받아야 한다. 사전심의를 받아야만 시나 구에서 정한 지정 게시판에 게재할 수 있다. 계절별로 특히 환절기나 전염병이 유행할 경우 사회적으로 이슈가 되는 점에 착안하여 현수막을 걸어놓는 것이 좋다.

여름방학을 이용한 아이들의 성장클리닉 홍보나 겨울방학을 이용한 호흡기 관련 질환 치료 홍보, 특히 겨울에는 눈이 많이 와 미끄러워 넘어지는 환자들이 속속 나타난다. 그래서 눈이 올 경우 척추나 기타 골절 환자를 위한 현수막 알리기 홍보가 필요하다. 이럴 때 막연하게 골절 치료라는 문구를 새겨서 병원을 알릴 것이 아니라 '겨울철 빙판길 조심하세요'라는 문구를 내걸고 밑에 병원 이름을 써넣는 것도 좋은 방법이다.

또 다른 방법은 의료 광고 사전심의 대상에서 제외되어 법적으로 문제가 없는 병원 소식지도 제법 좋은 마케팅 수단이 된다. 그러나 주변 병원에서 경쟁을 의식한 나머지 고발을 하는 경우도 있으므로 가능하면 사전심의를 받는 것이 좋다.

너무 거창한 내용으로 할 것이 아니라 간결하면서도 병원의 핵심 의료기술을 알릴 수 있는 소식이 좋다. 더 나아가 최근 유행하는 암이나 기타 자신이 운영하는 병원의 차별화된 의술을 홍보하는 것도 좋다. 최근 수술한 환자의 동향이나 병과 관련된 상식, 처방, 치료 등 다양한 것을 주제로 한 내용을 담을 수 있다.

발행부수, 우편발송 여부, 내용, 분량 등을 자신의 병원에 맞게 정한다. 너무 많은 비용을 들이지 않도록 한다. 우편발송도 무작위로 할 것이 아니라 자신의 병원을 자주 이용하는 환자나 최근 몇 개월 내에 병원을 방문한 환자를 중심으로 발송하는 것이 좋다. 오래전에 방문한 환자에게 보내는 것은 큰 효과가 없다.

다음으로 병원 마케팅에서 효과를 볼 수 있는 것이 대중교통 광고다. 버스를 타고 가다 보면 인근 지역의 병원 홍보 광고를 볼 수 있다. 음성으로 하는 경우, 버스 내부에 광고를 부착하는 경우, 버스 외부에 부착하는 경우 등 여러 가지가 있는데 특히 버스 외부에 부착하는 것은 버스를 타는 승객뿐만 아니라 지나가는 행인들에게도 알릴 수 있는 효과적인 방법이다.

　버스 음성 광고의 경우 의료 광고 사전심의 대상이 아니며, 45자 이내의 문장으로 20초 내에 끝을 맺게 되어 있다. 간혹 척추 전문병원이라고 홍보 음성이 나오지만 정작 위치를 정확하게 알리지 않는 경우도 있고, 너무 척추 치료에만 초점을 맞추다 보니 병원 이름이 처음에 한 번 나오고 이어 나오지 않아 승객이 조금만 다른 생각을 하면 금방 잊어버릴 수 있다. 처음과 끝에 두세 번 정도는 병원 이름을 반복해서 전달하는 것이 좋다.

　버스 광고의 경우 특히 버스 외부에 부착할 때는 첫눈에 무엇을 홍보하는 병원인지 파악할 수 있도록 홍보 문안을 잘 새겨넣어야 한다. 이때 관심을 두어야 할 것은 병원 이름, 전문병원, 글씨 크기, 색깔 등을 반드시 고려해야 한다.

인터넷 배너광고를 활용하자

요즘 병원에서는 인터넷 배너광고에 상당한 관심을 갖고 앞다투어 정열을 쏟고 있다. 배너광고는 CPM 광고 형태로 1000회 배너 노출을 기준으로 광고비가 책정되는 것이 일반적이다.

그러나 배너광고가 몇 천만 회 노출되었다고 해서 상당히 오랫동안 광고를 하는 것은 아니다. 단 몇 분 만에 모든 노출이 끝날 수도 있다. 배너광고는 목표로 하는 타깃이 분명해야 한다.

치과의 경우 단지 치아 교정이나 임플란트같이 어느 치과에서나 하는 일반인을 상대로 한다면 배너광고의 차별화를 시도할 수 없다. 먼저 자신이 운영하는 치과를 찾는 대상이 누구인지 명확하게 설정할 필요가 있다.

예를 들면 고등학교를 졸업한 학생, 대학을 졸업하고 이제 갓

회사에 입사한 신입사원, 아니면 유학을 앞두고 있는 학생 등 다양한 계층이 있을 테니 먼저 자신이 운영하는 치과의 최근 이용객 분포를 면밀하게 조사해서 타깃을 설정할 필요가 있다.

유학을 앞둔 사람들을 대상으로 한다면 유학센터나 학원 같은 곳과 상호 연계하여 유학정보를 알아보는 사이트에 배너광고를 진행할 필요가 있다. 강남지역 같은 경우 유학정보를 취급하는 사이트가 상당히 많이 개설되어 있다. 이들과 배너를 상호 교환해 별도의 비용을 들이지 않고 해보는 것도 좋은 방법이 될 수 있다. 상호 이익을 위해서 말이다.

이밖에도 직업과 관련된 사이트, 성형외과 관련 사이트와 상호 배너를 교환하는 방식을 찾는 것도 좋은 아이디어다.

그리고 '이제 치아는 내게 맡겨라' 라는 카피를 클릭하는 순간 곧바로 홈페이지 메인으로 가는 것이 아니라 치과에서 과거 혹은 현재 진행 중인 치아 교정이나 임플란트를 어떤 방식으로 해왔는지 상세하게 홍보할 수 있는 별도의 페이지를 만들어 운영한다. 또한 이미 치아를 교정한 고객들의 인터뷰나 치아 교정 전후의 상태를 상세하게 알려준다. 이것은 고객에게 신뢰를 얻는 데 큰 역할을 할 수 있다.

대기업만 마케팅을 하는 것은 아니다

이제는 아이디어 싸움이다. 마케팅도 아이디어를 잘 구상해서 환자를 유치하는 한 방법이라고 할 수 있다.

호텔에서는 매일 직원들로부터 좋은 아이디어를 얻기 위해 아이디어 제시함을 만들어 운영하고 있다. 손님이 객실로 들어가기 전에 미리 객실 모습을 상세하게 볼 수 있도록 로비에 터치 스크린을 설치한다.

객실 문 앞에서 기침만 하면 문이 저절로 열리는 음성정보 인식 시스템이 있다. 청소를 해줄 것인지 말 것인지 결정하는 카드도 있다. DND 카드라고 하며, 문고리에 걸어놓으면 객실 청소하는 사람이 이 팻말을 보고 객실의 청소 요구와 거절 상태를 알 수 있다. VIP라면 중간에 엘리베이터가 서지 않고 20층을 순식간에 올라간다.

이뿐인가. 고객의 심리 상태나 고객이 좋아하는 것, 싫어하는 것을 입력해놓았다가 다음에 고객이 재방문할 때 싫어하는 것을 권하지 않고 좋아하는 것을 먼저 얘기하거나 추천해준다. 알레르기가 있어 담요를 사용하지 못하는 경우 다음번에는 아예 이불을 준비해놓는다. 이 모든 것은 고객과의 관계 마케팅을 구축하기 위해서다.

병원도 마찬가지다. 한 치과 병원에서는 다양한 고객의 얼굴을 그려놓고 입을 크게 벌린 모습을 보여준 후 치아를 색깔별로 색칠하여 환자에게 흥미를 주기도 한다. 사람에 따라 치아에 색깔을 넣어 교정된 모습을 보여주면 신기해하기 때문이다.

어떤 병원에서는 '1분 대기조'라는 것을 운영하여 입원 환자나 환자 가족이 불만이 생겨 직원이나 병원 측과 마찰이 발생하였을 경우 1분 대기조가 출동하여 간단하게 해결해준다.

또 직원들이 예약전화를 받는 순서와 방법, 환자나 가족들에게 답변할 수 있는 친절한 대화 방법 등을 매일 롤플레잉하는 병원도 있다.

일본의 한 병원에서는 현대의학을 전공한 성형외과 의사지만 얼굴을 고치러 온 사람에게 어떤 스타일을 원하느냐고 질문하는 것이 아니라, 의사 자신이 얼굴 형태에 대해 다각적인 철학지식을 갖고 있어 돈 버는 얼굴, 여자가 좋아하는 얼굴, 남자가 좋아하는 얼굴, 복이 많은 얼굴 등 다양한 얼굴 형태를 놓고 마치 역술가가 점을 보듯이 설명한 후 성형수술을 하는 의사도 있다.

태국의 한 병원은 동네병원이지만 마케팅이 특이하다. 매일 홈페이지에 올라오는 내용을 집중 분석하여 저녁시간에 별도의 회의를 해서 문제가 있는, 즉 불만의 글이 올라오면 그에 대한 해결과 답안을 제시하여 불만을 최소화한다. 홈페이지를 만들어놓고한 번도 들여다보지 않는 병원도 많은데 말이다.

국내에는 내원한 환자의 성격을 파악하여 환자의 관리 서비스를 철저히 하는 병원도 있다. 즉 원장이 직접 관리해야 하는 까다로운 환자, 간호사가 관리해야 하는 환자, 간호사나 의사를 자주 칭찬하는 환자 등 여러 유형으로 나눠 환자를 집중 관리한다. 이들 중 병원에 대해 호의적인 환자를 별도로 초청하여 원장이 직접식사를 대접하며 병원 홍보대사로 임명하는 경우도 있다. 이런 유형의 사람은 주변에 친구가 많고 대인관계도 좋기 때문이다.

병원을 방문하는 유명 연예인이나 기타 유명세를 타고 있는 환자가 나타나면 즉시 원장과 간호사가 사진을 찍고 '2010년 ○월 ○일 방문 기념' 이라는 액자를 만들어 전시한다. 전시된 액자만무려 200개가 넘는다. 온통 인테리어 자체가 유명 인사의 사인으로 장식되어 있다.

병원과 영화관, 유명 레스토랑, 헬스장, 골프장 등 각 단체와유기적인 제휴관계를 맺어 병원을 이용한 환자들이 이들 업체를이용할 때 할인을 해주는 병원도 있다. 병원 입구에는 병원과 제휴한 각 단체와 업체 리스트가 있으며, 특히 이달에 유명 공연이 있다면 자주 이용하는 환자들에게 할인 관람권을 제공해준다.

병원에서 산모를 위한 특별초청 강연회 등이 있으면 병원 관계자는 자신의 병원을 방문한 예비환자들에게 문자서비스로 알린다. 그리고 척추 환자, 신장 환자, 성형수술 환자, 치과 환자 등 각 과별로 유명 강사의 강의가 있는 경우 이미 구축된 데이터를 근거로 순식간에 소식을 전해주는 병원도 있다.

고객을 부르는 서비스 Tip

원장이 마당발로서 자신이 관리하는 환자만 5000명이 넘는 병원도 있다. 원장의 하루 일과는 이들과 통화하고 식사하고 안부를 묻고 각종 경조사를 다니면서 친분을 쌓아 마치 지역구 국회의원처럼 인맥이 탄탄하다.

'무결점 운동(Zero Defect Movement)'라고 하여 매일 아침에 조례를 할 때 오늘 단 하나의 결점이 나와도 안 된다는 선언문을 외치고 근무를 시작하는 병원도 있다. 그래서 한 달간 집계를 하여 단 한 건의 불평이나 불만 사항도 발생하지 않은 과에는 포상으로 패밀리레스토랑 무료 식사권이나 영화관 1회 무료 관람권을 제공한다.

병원 홈페이지가
경쟁력이다

한 번 클릭으로 A4 용지 몇 백 장 분량의
정보가 쏟아져 나와 많은 사람들로부터 큰 인기를 얻고 있는 기
업이 바로 구글이다. 구글이 처음에 내건 것은 바로 검색엔진이
었다. 누구나 한 번의 클릭으로 엄청난 양의 정보를 얻을 수 있어
많은 사람들로부터 호응을 얻은 것이다.

이제는 고객이 직접 백화점에 가지 않고도 자신이 원하는 물건
을 구입할 수 있다. 집 안에 가만히 앉아 인터넷으로 접속만 하면
얼마든지 물건을 구입할 수 있다. 여기에 홈쇼핑까지 등장하여
고객은 굳이 밖에 나가지 않고도 화면에 나타난 물건을 보고 그
자리에서 클릭하면 자동적으로 구매가 이루어져 물건이 집으로
배달된다. 얼마나 편한 세상에 살고 있는지 모른다.

병원도 이제는 온라인 서비스에 중점적으로 관심을 두어야 할

때가 왔다.

미국인 대다수는 몸이 아프면 먼저 인터넷을 클릭해보고 관련 사이트를 철저하게 검색한 후 비로소 병원을 찾는다고 한다. 과거에는 무조건 병원에 갔지만 이제는 치료비 계산, 의사에 대한 소개, 병원의 유명세 등 다양한 것을 인터넷으로 검색한 후 병원을 선택한다.

의료와 관련된 이런 사이트는 단순히 병에 대한 지식만 제공하는 것이 아니라, 자신이 허리가 아픈 경우 디스크라고 판정되었을 때 입원기간, 입원비, 치료에 따른 의사의 전문성 등 다양한 부분을 인터넷으로 검색할 수 있으므로 이를 이용하는 것이다.

뿐만 아니라 이런 사이트에서는 유명 의사를 인터넷으로 소개해주기도 한다. 모든 것은 자신이 직접 접속하여 판단하지만 다양한 의료 사이트를 상호 비교하여 정확한 정보와 다양한 의료정보를 제공하는 사이트는 인기 만점일 수밖에 없다.

병원 홈페이지라고 만들어놓기만 하고 관리를 제대로 안 해 몇 년 전의 자료를 그대로 담아놓은 채 방치해둔 병원도 상당히 많다. "아픈 환자가 직접 병원에 찾아오면 되는 것이지 무슨 인터넷으로 검색을 하고 온단 말이야. 말도 안 되는 소리지" 하면서 말이다. 그러나 절대 그렇지 않다는 것을 명심해야 한다.

요즘 환자들은 자신이 소문으로 들었던 병원을 찾기 전에 먼저 인터넷으로 가고자 하는 병원 사이트를 검색하여 제대로 된 병원인지 간파한다. 홈페이지에 담겨 있는 정보의 질과 양, 전문성,

양방향 커뮤니케이션, 위치, 치료한 환자의 이야기 등 다양한 것을 검색한 후 "과연 소문으로 들었던 병원이군. 대단하네" 하면서 병원에 가보지 않고 단순히 검색만 마치고도 어떤 병원인지 알 수 있다.

그래서 병원에서는 온라인 서비스에 최대한 신경을 써야 한다. 그저 몇 십만 원 주고 간단하게 만든 홈페이지로는 경쟁이 치열한 요즘 절대 성공할 수 없다.

환자가 병원을 방문하면 환자의 주소, 이름, 전화번호와 덧붙여 개인 이메일 주소를 반드시 받아놓을 필요가 있다. 병원 자체에서 환자의 병을 치료하는 방법이나 주의점 등을 지속적으로 제공하기 위해서다.

일단 한 번 방문한 병원에서는 당신이 존재하는 한 의료와 관련된 정보를 계속 제공한다. 하절기, 동절기, 봄과 가을에 걸쳐 건강에 주의할 점 등을 지속적으로 이메일을 통해 보낸다. 이런 병원이야말로 진정으로 환자를 생각하는 병원이 아니겠는가.

당장 당신이 운영하는 병원 홈페이지부터 철저하게 관리해보자. 초기 화면도 멋있게 디자인해보자. 음악도 흘러나오고 재미있는 의학 상식도 삽입해서 환자들이 언제나 안심하고 이용할 수 있도록 하자.

오랫동안 축농증으로 고생한 환자가 병원에서 치료한 후 완전히 나아 정상적인 생활을 하고 있는 경험담을 실제 동영상을 통해 보여주자. 그리고 환자가 지금까지 어떻게 고생해왔는지도 홈페이지를 통해 상세하게 알려준다면 아무리 경쟁이 치열하다 해도 충분히 살아남을 수 있다.

홈페이지뿐 아니라 온라인 마케팅에도 관심을 갖고 병원에서 적극적으로 활용해야 한다. 네이버 지식인, 블로그, 카페 등에서 활발하게 마케팅을 펼친다면 동네병원이라도 환자들이 관심을 갖고 모여들 것이다.

특히 블로그가 중요하다. 요즘 블로그에 대한 관심이 상당하다. 그저그런 수준의 블로그로는 관심을 끌 수 없다. 예를 들면 '치과 의사의 기발한 아이디어', '의사가 춤을 추는 이야기' 등이 관심을 끌 수 있는 블로그다.

고객을 부르는 서비스 Tip

이제는 정보의 싸움이다. 누가 얼마나 정확하고 유익한 정보를 제공하느냐에 따라 성공과 실패가 좌우된다. 점점 사람들은 움직이는 것을 싫어한다. 그저 한 번의 클릭으로 모든 것을 얻기를 원한다.

병원 홈페이지를 철저하게 관리하는 사람을 두어 매일매일 홈페이지 내용을 업그레이드해야 한다. 홈페이지에 접속하는 순간 마치 대형 대학병원에 온 듯한 느낌이 들도록 초기 화면부터 병원의 넓은 로비가 등장하도록 해보자. 그리고 의료 백과사전을 펼쳐놓은 것처럼 다양한 의료정보를 제공해보자.

당신은 2000번째 수술 환자입니다

기록은 대단히 중요하다. 올림픽에 나가 마라톤에서 금메달을 땄다면 그 기록은 평생 동안 개인으로나 국가적으로나 엄청난 자랑이자 기록이다. 어떻게 하면 올림픽에 나가 금메달을 딸 수 있단 말인가. 금메달 자체가 세계 최고라는 기록이니 따기 힘든 건 당연하다. 그 기록 하나만으로도 대단한 선수임에 틀림없다.

운동에서만 그런 것이 아니다. 건물을 설계하고 건축하는 건축가의 경우를 살펴보자. 만약 자신이 엄청난 돈을 들여 좋은 건물, 디자인만큼은 자타가 인정할 정도로 최고의 집을 짓는다고 생각해보자.

당연히 당신은 건축을 전문으로 설계하는 사람을 찾아가서 문의할 것이다. 건축설계사 사무실에 들어가 건축가와 면담을 할 때 그의 실력을 입증할 수 있는 것은 무엇이라고 생각하는가? 당연히 그의 경력일 것이다. 이전에 놀랄 만한 건물을 설계한 경험이 있는지 말이다. 그의 이력이 화려하다면 당장 그에게 설계를 맡길 것이 분명하다. 단지 그의 화려한 경력만 보고 말이다.

병원 역시 마찬가지다. 의사의 경력은 대단하다. 특히 환자의 입장에서 볼 때 자신의 몸을 살릴 수 있는 역량이 충분한 의사인지 몹시 궁금하다. 생사가 달린 문제인데 아무에게나 맡길 수 없기 때문이다.

병원의 명성은 바로 의사의 수술 경력에 달려 있다고 해도 과언이 아니다. 당신이 신장을 이식한다고 가정해보자. 늘 다니는 병원을 알아보았더니 신장이식 수술 횟수가 이제 갓 100번을 넘었고, 다른 병원에 가서 알아보았더니 2000번이 넘었다.

당신이라면 어느 병원에 가서 신장이식 수술을 받고 싶은가? 두말하면 잔소리다. 당연히 2000번의 화려한 수술 경력을 보유한 병원을 선택할 것이다. 수술 경력이 100번에 불과한 병원을 선택했다가 자칫 101번째 수술 환자인 당신이 영원히 깨어나지 못할 수도 있다는 두려움이 있기 때문이다. 그래서 수술 경력은 매우 중요하다.

그러나 병원에서는 이런 경력에 대해 환자들이 얼마나 중요하게 생각하는지 모르는 것 같다. "그런 것이 뭐 중요하다고 난리야. 우리 병원 의사가 얼마나 훌륭한데" 하면서 대수롭지 않게 생각할 수 있다.

그것은 큰 실수다. 안과이식 수술, 간이식 수술, 신장이식 수술 등 수술은 여러 가지가 있다. 수술에서만큼은 자타가 인정할 정도로 대단한 병원이라면 각 분과별 수술병동 입구에 크게 써서 붙이든가, 아니면 크고 환하게 아크릴에 써서 전광판에 뜨게 한다. '오늘 2000번째 수술이 진행 중입니다'라고 말이다.

"뭐라고 2000번째 신장이식 수술이라고? 그렇다면 나 정도는 간단하게 눈을 감고도 수술하겠군. 당장 이 병원에서 수술해야지" 하면서 조금 전 수술을 할까 말까 망설이던 마음이 싹 사라져 버리고 조금이라도 빨리 수술을 받고 싶어 할 것이 분명하다.

고객을 부르는 서비스 Tip

당신이 운영하는 병원을 알리고 싶다면 당장 오늘부터 기록에 무관심해서는 절대 안 된다. 소문난 병원이라고 말로만 떠들 것이 아니라 입구에 환자가 들어서는 순간 이 병원의 환자 진료기록을 알릴 수 있는 알림판을 만들 필요가 있다.

동네병원이라고 해서 무시할 일이 아니다. '저희 병원에 2010년 12월 31일 현재 5만 명의 환자가 다녀갔습니다'라고 해보자. 입구부터 환자는 놀라 자빠진다. "뭐라고 이 작은 병원에 5만 명의 환자가 다녀갔다고? 대단하군, 대단해. 의사가 대단한 사람이야" 하면서 병원만 칭찬하는 것이 아니라 의사까지 덤으로 칭찬할 수 있다.

# 전화를 잘 받아야
환자가 좋아한다

　　　　　　"**Thank** you, This is front desk.
May I help you, sir(감사합니다. 이곳은 프런트 데스크입니다. 고객
님 무엇을 도와드릴까요?)." 호텔에 전화를 거는 순간 아리따운 여
자 목소리로 "감사합니다. ○○호텔입니다. 고객님 무엇을 도와
드릴까요?"라는 말이 자동적으로 나온다.

　호텔에 전화를 걸었다면 누구든 고객이 될 가능성이 매우 높은
사람이다. 비록 고객이 될 가능성이 전혀 없다 하더라도 비즈니
스상 호텔에 투숙하고 있는 고객을 찾기 위해 전화를 건다. 그래
서 일단 호텔에서는 걸려온 전화에 대해서는 최선을 다해 첫마디
부터 고맙다는 말을 하는 것이다. 그냥 형식적으로 고맙다고 하
는 것이 아니다. 고객의 입장에서는 기분 좋은 일이다.

병원의 경우를 살펴보자. 첫마디부터 "무엇을 도와드릴까요?", "여기는 ○○병원입니다. 전화 주셔서 감사합니다. 무엇을 도와 드릴까요?"라고 말하는 병원은 그리 많지 않다.

특히 동네병원의 경우에는 거의 이런 말을 하지 않는다. 동네 병원에 진료시간이 몇 시까지인지 확인하기 위해 전화를 걸면 "일단 오십시오. 가능한 한 빨리 오세요"라고 말하는 병원이 상당수다. 첫마디부터 기분이 좋지 않다. 그런 병원이라면 가보나 마나 간호사나 원무과 직원이 친절할 리가 없다.

이미 몸에 배어버린 전화받는 습관을 고치는 것은 무척 어렵다. 병원장이나 의사의 경우에도 외부에서 걸려오는 전화를 직원들이 제대로 잘 받고 있는지 알 수가 없다. 자신이 근무하는 병원에 전화를 걸 일이 거의 없기 때문이다.

친절한 병원인지 아닌지는 금방 알 수 있다. 바로 전화 한 통화만 해보면 그 병원 직원들의 태도를 알 수 있기 때문이다.

병원에서는 직접 걸어 들어오는 환자만 중요한 것이 아니라 외부에서 걸려오는 전화도 상당히 중요하다. 필자가 알고 있는 목동의 한의원에는 줄을 서서 기다릴 정도로 많은 환자가 몰리고 있었다. 어떤 한의원이길래 환자가 몰리나 싶어 전화를 걸어보았다. 역시 전화를 받는 직원의 목소리나 태도가 다른 병원과는 전혀 달랐다. 어떻게 전화를 받고 대화를 했는지 알아보자.

필자 : 여보세요

한의원 직원 : 안녕하세요. 전화 주셔서 감사합니다. ○○한의원입니다. 무엇을 도와드릴까요?

필자 : 감기 증세가 있어 한의원을 찾아가려고 합니다.

한의원 직원 : 감기가 심하신 모양이군요. 요즘 날씨가 추워서 감기 환자가 부쩍 늘었습니다. 혹시 어디서 오시는지요?

필자 : 네, 제가 있는 곳은 금천구입니다.

한의원 직원 : 그러세요. 혹시 지하철을 타고 오시나요, 아니면 승용차로 오시나요?

필자 : 승용차로 가려고 합니다.

한의원 직원 : 아, 그러세요. 오늘이 금요일이라서 아마 성산대교 방향으로 차량 진입이 많이 밀릴 것 같습니다. 평소 이 시간대에는 차가 많이 밀리니까요. 그래서 지하철로 오시는 것도 좋을 것 같습니다. 그러나 불편하시다면 제가 차가 밀리지 않는 방향을 설명해 드려도 좋을까요?

필자 : 좋습니다. 그런 방향도 있나요?

한의원 직원 : 네, 시흥대교를 건너 서부간선도로를 타시지 말고 직접 광명 쪽으로 오셔서 오목교 방향으로 쭉 내려오시면 ○○건물이 있습니다. 그 건물 앞에서 다시 한 번 전화를 주십시오. 그렇지 않으면 제가 20분 후 다시 한 번 전화를 드리겠습니다.

전화를 받는 직원의 태도는 놀라울 정도였다. 병원의 위치를 설명해주는 직원이 머릿속으로 상상이 되었다. 얼마나 친절한 직원인지도 상상이 되었다. 더불어 같이 근무하는 직원이나 의사의 수준도 상당할 것이라고 생각되었다. 그 한의원에 가서 진료를 받으면 감기가 100% 치료될 것이라는 믿음도 생겼다.

그리고 찾아가는 동안 미안한 마음이 들었다. 겨우 감기 증세 가지고 한의원을 찾아가는데 이렇게 친절하게 설명해주는 것 자체가 미안한 마음이 들었다.

그래서 나는 지금까지 그 한의원의 단골 환자가 되었으며 친구나 친척에게 소개해주는 것은 물론이고, 외부 강의를 할 때도 그 한의원의 사례를 들어 강의하니 나 역시 그 한의원의 외부 홍보 대사로 임명된 것이나 다름없다.

고객을 부르는 서비스 Tip

첫 대면이 중요하다. 고객과 얼굴을 마주보는 만남의 순간도 첫 대면이다. 그러나 전화는 상대방의 얼굴을 보지 않고 하는 대화이기 때문에 얼굴을 보고 대화하는 것보다 더 신경을 써야 한다.

병원에는 매일 문의하는 전화가 상당수 걸려온다. 예약하는 전화, 예약 취소하는 전화, 위치 확인하는 전화, 진료시간 확인하는 전화, 아파서 하는 전화 등 많은 전화가 걸려온다. 이때 전화를 받는 직원의 태도를 보고 병원에 갈 것인지, 가지 않을 것인지 결정한다. 단 한 번의 전화로 병원의 모든 것을 판단하는 게 환자 고객이라는 사실을 명심하자.

# 예약이 처리되지
않았을 때 해결 방법

호텔에 도착한 고객은 벨맨의 도움을
받아 프런트 데스크로 다가간다. 이때 호텔 직원은 상냥한 목소
리로 "안녕하세요. 예약은 하셨습니까?"라고 묻는다.

만약 예약을 하지 않았다면 객실이 비어 있는 경우 객실을 사
용할 수 있다. 그러나 문제는 예약을 했는데 예약이 안 되어 있는
경우도 있다. 물론 예약을 하지 않았으면서 예약을 했다고 우기
는 고객도 간혹 있다.

그러나 호텔 직원은 다시 한 번 "예약을 하셨다면 이름이 어떻
게 되시나요?"라고 묻는다. 이름이 똑같은 사람도 있고 예약 직
원의 실수로 누락된 경우도 있기 때문이다. 그래서 예약한 날짜,
객실 타입, 요금 등 다양한 것에 대해 고객과 상담을 한 후 최대
한 고객이 주장한 대로 객실을 제공해준다.

문제는 비어 있는 객실이 없는 경우도 있다. 고객의 입장에서는 오늘 반드시 객실을 사용해야 하고 분명히 일주일 전에 호텔에 예약을 했다고 한다. 호텔 직원의 입장에서는 분명히 고객이 예약을 하지 않았으며, 오늘 고객에게 판매할 객실이 없다.

정말 난처한 경우다. 호텔에서는 이런 경우에 대비해서 'Turn Away Service' 라는 제도가 있다. 이는 호텔 측에서 실수로 고객의 예약을 잘못 받은 경우 다른 호텔을 예약해주는 것은 물론 객실 요금, 식사, 다른 호텔까지의 교통편 무료 제공 등 파격적인 서비스로 고객의 예약을 보장하는 제도다. 그래서 호텔 서비스가 좋다는 것 아닌가.

병원의 경우를 살펴보자. 호텔 예약과는 달리 병원에 도착한 환자는 첫마디부터 직원의 싸늘한 말을 듣는다. "예약은 하고 오셨나요? 예약을 하고 오지 않으면 의사 선생님이 유명하셔서 오랜 시간 기다려야 됩니다. 다음에 예약을 하고 오십시오"라는 말을 듣기도 한다.

게다가 환자 고객이 사전에 분명히 전화로 예약을 하고 왔는데도 병원 직원의 실수로 누락된 것에 대해 아무런 보상이 없다. 병원 측의 실수는 그냥 넘어가는 것이다. 이렇다 보니 환자는 몇 번이고 스스로 확인을 하지 않으면 안 된다.

병원 직원이라면 환자가 예약한 것에 대해 친절하게 확인해주어야 한다. 예약한 사람의 이름이 컴퓨터 화면에 있는지, 날짜,

전에 병원을 방문한 적이 있는 환자인지 등을 확인하고 재확인하는 모습을 보여주면 환자는 무척 좋아한다.

이뿐인가. 병원 진료가 가능한 날짜를 병원 측의 사정에 맞추려고 하지 말고 최대한 환자의 입장을 고려하도록 한다. 환자 앞에서 직접 달력을 보여주며 담당 의사의 스케줄을 설명해주고 가능한 예약 날짜를 찾도록 한다.

이때 무조건 의사의 스케줄에 맞추다 보면 환자는 화가 날 수도 있다. 병원 측에서 잘못을 해놓고 환자에게만 양보하라고 해서는 안 된다.

호텔에서는 예약한 고객에게 약속을 못 지키는 경우 전액 보상을 해주는데 병원에서는 보상은커녕 오히려 환자가 진짜 예약을 했는지 의문을 제기한다면, 특히 동네병원에서 이런 일이 발생한다면 큰일이다. 환자가 예약을 했다고 주장하고 병원 측의 실수가 인정된다면 다른 환자를 제쳐두고라고 먼저 진료를 해주도록 한다.

호텔에서도 예약 날짜로 인해 문제가 자주 발생한다. 그래서 호텔 직원들은 고객과의 예약 문제로 통화할 때는 항상 반복해서 복창을 한다.

고객의 입장에서는 자신이 생각하지 못한 부분에 대해 친절하게 반복적으로 주입시켜주는 것에 대해 감사할 따름이다. 예약 직원의 입장에서도 이렇게 확실하게 예약을 받으면 향후 문제가 발생할 소지를 사전에 없앨 수 있다.

병원 역시 마찬가지다. 단순하게 예약을 받을 것이 아니라 자신의 병원에서 행하고 있는 여러 가지 상황을 고려하여 호텔에서 하는 것처럼 상세하게 예약을 받는다면 환자 고객은 친절한 병원 측의 예약 직원을 달리 생각할 것이다.

고객을 부르는 서비스 Tip

예약을 받는 직원의 태도를 보면 병원이 친절한지 아닌지 금방 알 수 있다. 병원 직원의 얼굴을 직접 보면서 예약하는 경우도 있지만 전화상으로 예약하는 경우도 있다. 병원 직원이 예약을 받을 때 달력을 보여주면서 직접 설명하거나 담당 의사의 스케줄을 미리 파악하고 예약하는 고객에게 설명을 해 보라.

"잠시만 기다려주십시오", "그때는 의사 선생님이 안 계시거든요", "일찍 오시지 않으면 당일 예약해도 힘듭니다", "예약을 하셨다고 모두 진료가 되는 것은 아닙니다", "시간은 항상 유동적입니다", "예약을 하지 않고 예약을 하셨다고 하면 안 됩니다" 등 환자들이 싫어하는 말은 삼가야 한다.

## Part 7

병원 직원이 곧
경쟁력이다

간호사가 친절한 병원은 단골 환자가 많다

"그 병원에 가면 간호사가 정말 친절해요" 하면서 친절한 간호사 때문에 병원을 찾는 경우도 많이 있다. 특히 동네병원의 경우에는 의사도 중요하지만 간호사의 친절한 서비스가 그에 못지않게 중요하다.

일본의 한 병원에서는 간호사가 어찌나 친절한지 그 간호사로 인해 환자들이 몰린다고 한다. 동네병원의 간호사가 기억하고 있는 환자 수만 해도 무려 5000명이 넘는다고 한다. 간호사는 환자가 오면 일일이 집안의 안부를 묻거나 건강을 직접 체크하면서 환자를 관리한다.

그 병원에서 간호사로 근무한 지 20년이 넘었기 때문에 환자를 관리하는 데도 문제가 없다. 간호사는 아침에 출근하여 그날 진료 예약을 한 환자의 명단을 보고 일일이 전화를 한다. 오늘이 예약한 날짜라고 재확인시켜주는 것이다.

간호사가 여럿 있지만 오랫동안 이 병원에서 근무했기 때문에 환자들은 대부분 나이가 50세가 넘은 이 간호사에 대해 좋은 이미지를 갖고 있다. 이 간호사는 환자들의 경조사도 병원을 대표해서 이곳저곳 찾아다니느라 주말에도 시간이 없다. 병원에서는 오랫동안 근무해온 나이 지긋한 이 간호사가 그저 고마울 따름이다.

의사는 그 사이에 여러 번 바뀌었지만 오직 간호사 한 사람은 20년 동안 한 병원에 있다 보니 환자들이 올 때마다 "아이고 오랜만이에요. 내가 스물한 살 때 이 병원에 들렀는데 아직도 계시네요" 하면서 반갑게 간호사를 맞이한다.

그 병원에서는 의사보다 이 간호사가 더 유명하다. 그동안 동네에 다른 병원이 들어서기도 했지만 간호사의 친절 때문에 환자들이 이 병원에만 넘치다 보니 다른 병원은 문을 닫기가 일쑤다.

이 간호사의 하루 일과는 다른 간호사와는 조금 다르다. 바쁠 때는 환자에게 주사도 놔주고 채혈도 하지만 대부분의 시간을 환자들을 돌보는 데 활용하고 있다. 병실이 50실이지만 매일 만실이다.

심지어 병이 다 나았는데도 간호사의 친절 때문에 퇴원을 꺼리는 환자가 있을 정도니 얼마나 친절한지 가히 짐작할 수 있지 않은가. 동네를 떠나 멀리 타향에서 살다가 명절에 고향에 돌아오면 "아직도 그 병원에 친절한 간호사가 계시나요?"라고 물을 정도니 말이다.

이제 병원에서는 이 간호사가 간판이나 다름없다. 친절의 대명사가 된 것이다. 수천 명이 넘는 환자들을 언니, 오빠, 동생, 친구, 친척 등으로 생각하고 관리하니 동네에 나가면 모르는 사람이 없다. 병원에서는 크리스마스 카드도 병원장의 이름으로 보내기보다는 이 간호사의 이름으로 보낸다. 브로슈어에도 친절한 간호사의 사진을 삽입하여 홍보에 활용하고 있다.

요즘 동네병원에 가보라. 그 병원이 그 병원이다. 뭔가 다르고 차별화된 병원을 찾아보기가 힘들다. 이렇다 보니 개원을 하고도 환자가 오지 않아 문을 닫는 병원이 점점 늘어나고 있다.

병원에서 키맨을 찾아야 한다. 그저 아름답고 예쁜 간호사만 찾을 것이 아니라 동네의 환자 고객과 맞추어 호흡할 수 있는 간호사를 선발해서 적극적으로 홍보에 활용해보라.

환자들과 부담없이 대화를 나눌 수 있는 기회는 의사보다 오히려 간호사에게 더 많다는 사실을 인지하자. 당신의 병원은 매일 그만두는 간호사로 인해 고민하지 않는지 확인해보자. 능력 있고 환자들을 내 식구처럼 챙기는 간호사라면 과감히 투자하여 스카우트해야 한다. 다른 사람보다 월급을 조금 더 주는 것이 좋다. 괜스레 월급 조금 줄이려다 오히려 병원의 이미지만 나빠질 수 있다.

병원을 홍보하려면 간판이 될 수 있는 간호사가 있어야 한다. 쉬운 말로 하면 컨시어지(Concierge, 관리인) 기능을 갖춘 스타 간호사를 하루빨리 고용해서 병원 환자 수를 늘리자. 나이가 들어도 좋다. 누구에게나 친절하다면 말이다. 그렇지 않다면 붙임성이 좋고 유머가 있는 간호사를 고용하자.

고객을 부르는 서비스 Tip

동네병원에서는 의사도 중요하지만 간호사의 역할이 매우 중요하다. 간호사는 환자가 진료를 받고 나올 때까지 계속해서 마주한다. 반면 의사는 진료실에 하루 종일 있으므로 진료하는 시간 외에는 환자를 직접적으로 대할 수 없다.

간호사가 환자를 고객으로 생각하고 환자가 병원을 방문하는 순간 세 걸음 앞에 나가 환자를 맞이하고, 진료를 마치고 나가는 환자를 일곱 걸음까지 따라나가 배웅인사를 한다면 동네에서 가장 친절한 병원으로 이름이 널리 알려질 것이다.

그러나 그런 친절한 행동을 하는 간호사는 극히 드물다. 동네병원에서 환자에게 좋은 이미지를 심어주려면 3보 마중, 7보 배웅인사를 할 수 있는 간호사를 채용하라. 대우를 좀 더 해주더라도 실천할 수 있는 간호사를 고용하면 그 이상의 가치를 충분히 해낼 것이다.

병원은 **팀워크**가
잘 **이루어져야** 한다

축구는 11명의 선수가 하는 운동 경기다. 아무리 뛰어난 선수가 한 명이 있다 하더라도 다른 선수들이 제 역할을 제대로 하지 못하면 경기에서 지고 만다.

스포츠 경기만 그런 것이 아니라 여럿이 한 팀을 이루는 단체에서는 팀워크가 좋아야 어려움을 이겨낼 수 있다. 팀워크가 그만큼 중요하다는 의미다.

병원이라면 의사와 간호사의 관계가 매우 중요하다. 환자가 들어서는 순간 의사가 진단하기에 앞서 간호사가 "안녕하세요. 의사 선생님이 아주 유명하신 분입니다. 이비인후과 분야에서는 알아주는 분이십니다"라고 슬쩍 환자한테 얘기해보라.

아니면 "얼마 전 의사 선생님께서 해외에 연수를 갔다오셨습니다"라고 은근슬쩍 자랑 좀 해라.

의사가 스스로 나서서 자랑하기보다는 간호사가 환자한테 자랑을 해보라. 아마도 환자는 무척 좋아할 것이다. 뿐만 아니라 진료를 하는 의사 역시 환자를 대하는 태도가 달라지고 환자에게 좀 더 친절해지려고 노력할 것이다.

의사를 중심으로 병원의 모든 직원들이 팀워크가 잘 이루어져야만 이런 일이 가능하다. 그렇다고 의사는 무게만 잡고 간호사를 하인 부리듯 하면 안 된다.

의사 역시 간호사를 칭찬해야 한다. "ㅇㅇㅇ님, 우리 간호사가 약 먹는 방법에 대해 상세하게 설명해줄 것입니다. 이번에 입사한 간호사는 실력이 뛰어나고 친절한 간호사입니다"라고 은근슬쩍 자랑을 해보라.

이런 말을 옆에서 들은 간호사는 '정말 선생님이 최고야. 그러니까 실력도 뛰어나고 겸손하시지' 하면서 일을 더 열심히 한다. 이 모든 것은 팀워크가 좋아야 가능한 일이다. 간호사가 의사를 무시하고 의사가 간호사를 무시해서는 절대 팀워크가 나오지 않는다. 그런 병원이라면 곧 문 닫을 확률이 높다.

팀워크가 잘 이루어지기 위해서는 대화하는 시간을 자주 가져야 한다. 그리고 연습을 해야 한다. 서로 호흡이 맞지 않으면 절대 팀워크가 이루어지지 않는다. 병원장은 정기적으로 병원 직원들과 함께 등산, 골프, 볼링, 탁구, 영화·연극 구경 등 다양한 활동에 동참하는 데 익숙해져야 한다.

그리고 특정한 날을 잡아 어떤 주제를 놓고 가상의 역할놀이를 해볼 필요가 있다. 환자가 들어서는 순간부터 진료를 끝내고 병원을 나가는 순간까지 가상의 환자를 놓고 역할놀이를 정기적으로 하다 보면 저절로 팀워크가 이루어진다.

상대를 제대로 알지 못하면 절대 팀워크가 좋을 수 없다. 매일 진료가 끝나면 소리 없이 사라져 어디 가서 무엇을 하는지 모르는 간호사, 원무과 직원, 의사는 병원의 팀워크를 다지는 데 큰 장애가 될 수 있다.

직원이 곧 경쟁력이다

상대성 원리로 유명한 아인슈타인을
모르는 사람은 없을 것이다. 아인슈타인은 생존 시 여기저기 강
의를 하러 다니느라 무척 바빴다.

한번은 이런 일이 있었다고 한다. 멀리 있는 곳의 대학에 초청
을 받아 운전수와 함께 가던 중 거의 목적지에 왔을 때 강의를 하
기 힘들 정도로 배가 아팠다. 이미 많은 사람들이 아인슈타인의
강의를 듣기 위해 모여 있었기 때문에 여간 큰일이 아니었다.

아인슈타인은 배 아픈 것이 곧 나아지겠지 생각했지만 계속 배
가 아파 도저히 강의를 진행할 수 없는 상황이 되어버렸다. 이 난
관을 어떻게든 헤쳐나가야겠는데 도저히 방법이 떠오르지 않았
다. 그러던 중 문득 아이디어가 떠올랐다.

"이보게, 자네가 지금까지 내 강의를 500번 이상 듣지 않았나.

그러니 내 대신 강의를 충분히 할 수 있다고 생각하네. 자네가 강의하는 동안 나는 연단 아래 청중석 맨 앞에 앉아 있을 테니 자네가 내 대신 강의를 해보게"라고 운전수에게 제안하였다고 한다.

그 당시만 해도 지금과 같이 휴대전화나 텔레비전 등 영상매체가 없던 시절이라 아인슈타인에 대한 소문만 들었을 뿐 그의 얼굴을 아는 사람이 많지 않았기 때문에 가능한 일이었다.

이윽고 아인슈타인은 운전수로 변신하고 운전수는 아인슈타인 역할을 맡아서 강의를 진행하였다. 운전수는 내용뿐 아니라 몸짓도 아인슈타인과 똑같이 강하게 설명하는 부분에서는 힘차게 소리를 지르며 열심히 강의를 하였다.

많은 청중들이 놀라는 분위기가 역력했다. 정말 열정적으로 강의를 했기 때문이다. 강의를 듣던 사람들은 이구동성으로 "역시 아인슈타인은 대단한 사람이야" 하면서 극찬을 아끼지 않았다.

이윽고 강의를 모두 마치고 열렬한 박수 소리와 함께 마지막으로 질문하는 시간이 되었다. '아, 이제 큰일났구나. 질문을 한다면 분명히 운전수가 제대로 답변을 할 수 없을 텐데' 라고 아인슈타인은 걱정하면서 불안해하고 있었다.

운전수는 아인슈타인이 평소 했던 방식 그대로 "자, 여러분 질문을 받겠습니다. 질문을 하십시오. 시간 관계상 2~3명만 받겠습니다"라고 하자 질문을 하기 시작했다.

질문도 이전과 거의 유사하여 운전수가 잘 설명할 수 있었다. 그런데 마지막에 한 학생이 질문한 것은 이전에 나온 적이 없었던 질문이었기에 운전수는 당황한 눈빛이 역력했다. 그때 문득 어떤 생각이 떠올랐다. "아, 그 질문 말입니까. 그 질문은 너무도 많이 하는 아주 쉬운 질문입니다. 여기 청중석에 앉아 있는 내 운전수도 충분히 답변할 수 있을 거라고 생각합니다" 하고는 아인슈타인을 가리키며 대신 대답해달라고 하였다.

그 순간 아인슈타인은 재치 넘치는 운전수의 행동에 깜짝 놀랐다. 그가 일어나 조금 전의 질문에 대해 완벽하게 답변하자 이번에는 청중석에서 "아니, 저런 어려운 질문을 운전수가 답변하다니 역시 아인슈타인은 최고야. 운전수의 실력이 저 정도라니 대단해. 운전수까지 거의 아인슈타인 수준이니 말이야" 하면서 감탄했다고 한다.

병원의 경우를 살펴보자. 병원에서는 의사가 진료와 병에 대한 모든 설명을 도맡아 한다. 병에 대한 질문이나 답변은 오직 의사가 다 알아서 한다.

그러나 전문적인 지식을 갖고 있고 오랫동안 의사 옆에서 일한 간호사들도 얼마든지 의사의 역할을 대행할 수 있다고 생각한다. 의사는 너무 바쁘다. 모든 환자들에게 일일이 상세하게 설명할 수가 없다. 그렇다면 간호사가 의사를 대신해서 거의 의사 수준으로 환자들의 궁금증에 대해 충분히 설명해줄 수 있다.

환자가 의사를 기다리는 동안 지루하지 않게 환자가 진료하는 데 필요한 수칙이나 진료에 대한 상세한 상식 등을 알려준다. 그러면 환자는 "간호사가 의사 수준이야. 대단한 실력을 소유하고 있군. 그렇다면 의사는 얼마나 대단할까. 그러니까 최고의 병원이 된 것이군" 하면서 몹시 흡족해할 것이다.

간호사나 직원들의 수준이 높은 병원이야말로 최고의 병원이다. 늘 연구하고 의사를 보좌하는 간호사야말로 의사가 할 일을 덜어줄 수 있다. 그렇다고 너무 오버하면 환자가 실망할 수 있다는 사실도 명심하자.

고객을 부르는 서비스 Tip

직원들의 수준은 매우 중요하다. 의사를 포함한 전 직원의 의학적인 지식과 상식은 병원의 수준을 높이는 데 큰 기여를 할 것이다. 매일 정기적인 시간에 교육을 할 필요가 있다. 의학적인 상식이나 환자를 대하는 태도, 에티켓 등을 중심으로 다양한 교육이 이루어져야 한다.

환자를 병원에서만 만나라는 법은 없다. 퇴근 후 밖에 나가서도 의학적 지식이 풍부하다면 주변 사람들에게 큰 호감을 줄 수 있다. 병원의 차별화는 바로 높은 전문성이 요구되는 직원들의 지식 수준에 달려 있다. 그래서 세계적으로 이름 난 기업이나 병원을 가보면 전 직원을 대상으로 연중 교육이 이루어진다는 사실을 명심하자.

# '환자를 위한 선언문'을 작성하여 매일 아침 외치자

국기에 대한 맹세, 조국에 대한 맹세, 고객선언문, 고객헌장 등 어디를 가나 헌장이나 맹세라는 글귀를 벽이나 입구, 고객이 자주 드나드는 곳에 액자로 만들어 걸어놓고 많은 사람들이 보도록 하고 있다.

사실 이런 글귀를 써서 붙여놓는다고 해서 사람들이 눈여겨보는 것은 아니다. 그러나 직원들은 회사가 지향하는 목표나 목적을 한눈에 알 수 있기 때문에 관심을 갖는다.

병원의 경우를 살펴보자. 병원 입구에 환자를 위한 선언문을 작성하여 부착해놓은 곳도 있지만, 대부분의 병원에서는 이런 행동을 취하지 않고 있다. 환자선언문을 만들어놓고 이것을 지키기 위해 교육을 시켜야 한다.

그렇다면 환자선언문에 어떤 내용을 담아야 할 것인지도 걱정이다. 그리고 서비스라는 것은 반복적인 교육이 무엇보다 중요하다. 선언문을 만들어놓고 매일 아침 근무 시작하기 전에 부서별로 모여 아침조례를 한다. 만약 병원이 너무 커서 도저히 할 수 없다면 별도의 방송실 같은 곳을 만들어 전 직원이 아침 근무를 시작하기 전에 모니터 앞에 모여 조례를 하면서 환자를 위한 선언문을 낭독하면 된다.

주변에 환자들과 가족이 있어도 무방하다. "아니, 저 사람들 뭐하는 거야. 큰 텔레비전 앞에서 말이야. 환자를 위한 선언문이라고? 저런 것도 하네" 하며 신기해하면서도 한편으로는 무척 흐뭇해할 것이다. "잘하는 일이군. 당연히 병원에서는 환자를 최고로 모셔야지" 하면서 이런 행사를 매일 아침 근무 시작 전에 하는 병원을 칭찬할 것이 분명하다.

지금 당장 시작해보자. 방송이 나온다고 가정하고 말이다. 현재 시간이 정확하게 아침 8시 58분이다. 이제 조금 시간이 지나 아침 9시가 되면 근무가 시작된다.

교대자도 매일 아침에 하는 환자를 위한 선언문 낭독 시간에 참가하고 퇴근한다. 의사도 예외가 아니다. 병원장도 마찬가지다. 화장실을 청소하는 직원, 간호사, 원무과 직원 모두 자신의 사무실 벽에 걸려 있는 큰 모니터 앞에 서 있다. 그럼 시작해보도록 하자.

"여러분, 하던 일을 잠시 멈추고 곧이어 환자를 위한 선언문 낭독 시간이 있겠습니다. 모든 직원들은 모니터를 주시해주시기 바랍니다" 하면서 아름다운 목소리로 방송을 한다. 분주하게 돌아다니던 간호사, 의사, 원무과 직원들이 엄숙하게 모니터 앞에 서 있다.

"자, 그럼 지금부터 환자를 위한 선언문 낭독 시간이 있겠습니다. 먼저 오른손을 펴들고 모니터를 주시하십시오. 앞에서 큰 소리로 하면 모두 따라 해주십시오" 하자 전 직원이 모니터 앞에 오른손을 들고 서 있다. 이어 병원의 아나운서가 선창을 한다.

〈환자를 위한 선언문〉

하나, 환자의 이름을 부르며 반갑게 맞이합시다.

둘, 환자의 가족은 우리 가족입니다.

셋, 우리 모두 오늘 하루를 재미있게 시작합시다.

넷, 안녕하세요, 안녕하세요. (서로의 얼굴을 바라보면서 인사한다.)

이런 방식으로 아침에 간단하게 환자를 위한 선언문을 낭독하는 시간을 가져보자. 어쩌면 어제 저녁에 기분 나쁜 일로 인해 얼굴을 찡그린 의사, 간호사, 원무과 직원들도 '환자를 위한 선언문 시간인데 어제의 안 좋은 일은 머릿속에서 지워버리고 오늘 아침부터 새롭게 시작해야지' 하면서 정신을 가다듬을 수 있다.

병원 실정에 맞게 환자를 위한 선언문 내용이나 시간 등을 잘 선택해서 매일 아침 정기적으로 실시해보자. 시간은 아주 짧게 하는 것이 좋다.

직원이 몇 명 안 된다고 해서 "우리 병원은 고작해야 다섯 명인데 무슨 환자를 위한 선언문을 낭독한다고 그래" 하며 무시할 것이 아니라 한번 시작해보자. 엄청난 효과가 발생할 것이다.

고객을 부르는 서비스 Tip

병원의 전 직원이 함께할 시간은 그리 많지 않다. 게다가 한 장소에 모일 수 있는 시간은 거의 없다. 부서별로 미팅을 하거나 병원 자체적으로 야유회를 가는 경우를 제외하고는 말이다. 병원의 전 직원을 대상으로 교육을 한다는 것 자체도 상당히 힘들기 때문에 모든 직원들이 한자리에 모일 수 있는 시간은 아침 근무를 시작하기 전 3~5분 정도면 충분하다고 본다.

환자들이 주변에 있는 상태에서 이런 행사를 한다면 환자들도 좋게 받아들일 것이다. 자체적으로 선언문을 만들어놓고 매일 똑같은 내용으로 할 수도 있지만 상황에 따라 내용을 조금씩 바꾸어도 된다. 병원에서 강조해야 할 내용이나 전 직원이 화합할 수 있는 내용으로 말이다.

히틀러는 항상 석양을 등지고 연설을 하였다고 한다. 처칠은 항상 손가락으로 승리의 V자를 그리며 청중 앞에서 연설을 하였다고 한다. 그렇다면 당신의 병원에서는 어떻게 직원들에게 연설을 할 것인지 고민해보자.

병원은 만능 해결사

호텔에 가면 안 되는 것이 없다. 배가 고프면 밥을 사 먹으면 되고 목욕을 하고 싶으면 사우나에 가면 된다. 가지고 온 짐은 보관함에 맡기면 된다. 그래서 호텔이 편리한 것이다.

병원도 마찬가지다. 어쩌다 한 번 몸이 아파 병원 신세를 지는 경우가 있다. 그러면 하던 일을 모두 중단하고 병원에 입원해야 한다. 그러나 문제는 병원에 입원해서도 해야 할 일이 많다. 당장 이달 말까지 자동차세도 내야 하고 부동산 거래 계약도 체결해야 한다.

이런 모든 것을 입원한 환자를 대신해서 누군가 해줄 사람이 집안에 있다면 다행이지만 그렇지 않은 경우도 많다. 더구나 모든 것을 내가 책임지고 해결해야 한다. 그래서 병원에 입원하는 순간부터 걱정이 태산이다.

　바로 이런 문제를 해결해주기 위해 입원한 환자의 부탁을 들어주는 병원도 있다. 일명 '대신맨'이라고 하여 환자가 부탁하는 모든 일을 대신 해결해주는 것이다. 해결사이기도 하다.

　"저는 혼자 살기 때문에 제가 없으면 당장 아파트에 있는 강아지가 죽습니다"라는 말이 떨어지기가 무섭게 환자를 대신해 강아지에게 먹이를 준다. 뿐만 아니라 "이번 달에 내야 할 세금이 있는데 제가 지금 수술을 해서 양손을 다 쓸 수 없어 낼 수 없습니다" 하면 환자를 대신해 인터넷으로 환자가 부탁한 문제를 해결해준다. "세탁할 것이 많은데 어떡하지요?" 하면 당장 환자를 대신해 세탁물을 맡겨준다. 그러니 병실에서 오로지 몸만 챙기고 다른 일은 하지 않아도 된다.

　병원에 입원해 있기 때문에 오랫동안 자동차를 사용할 수 없다. 그런데 겨울에는 가끔씩 시동을 걸어주어야 한다. 병원에서 환자를 대신해 이런 일도 해준다면 이 병원이야말로 환자감동 서비스를 넘어 환자를 졸도시키는 서비스를 실천하는 곳이다.

　퇴원할 때 퇴원수속도 병원에서 다 알아서 해준다. 물론 돈까지 해결해주는 것은 아니고, 환자가 움직이기 불편하기 때문에 환자를 대신해 은행 업무를 대행해주는 것이다.

　일주일 후면 퇴원해서 해외여행을 가는데 여권 유효기간이 이번 달로 만료되어 연장을 해야 하는데 환자가 자유로이 움직일 수 없으니 걱정이다. 이런 문제 역시 병원에서 해결해준다. 항공권 티켓 발행, 기차표, 각종 지로용지 납부 등 여러 가지 일을 병원에서 해결해주는 것이다.

"당신은 지금 병원에 입원해 있는 거야, 아니면 별도로 비서를 고용해서 일을 시키는 거야? 정말 끝내주는 서비스로군" 하면서 주변 사람들이 입원해 있는 당신을 부러워할 것이다.

병원에서 가칭 '심부름 센터'를 운영하는 것이다. 호텔에서 손님이 몸이 아파 객실로 약을 갖다달라고 하면 벨맨이나 웨이터가 곧바로 약을 사가지고 손님이 투숙하고 있는 객실에 갖다주듯이 말이다.

24시간 언제나 환자를 위해 모든 업무를 대신해주는 병원이야말로 환자나 가족을 위한 서비스가 대단한 병원임에 틀림없다.

고객을 부르는 서비스 Tip

이제 고객은 빠른 서비스, 정확한 서비스, 실시간 서비스에 익숙해 있다. 항공사, 호텔, 백화점, 문구점, 레스토랑, 철도, 인터넷 업체에서 실시간으로 빠른 서비스에 중독되어 있는 고객이 당신의 병원에 입원했다고 가정해보라. 아마도 환자는 병원에서도 모든 서비스를 대행해주기를 은근히 기대할 것이다. 그래서 환자를 대신해 업무를 처리해주는 서비스가 필요하다.

70대 할머니 도우미

의학기술이 발달함에 따라 점차 고령 인구가 늘어나고 있다. 이런 현상은 한국만 그런 것은 아니다. 전 세계 어느 곳을 가더라도 고령으로 인한 여러 가지 사회문제 때문에 정부 차원에서 대책을 세우고 있다.

일본의 시시엔 여관은 거의 대부분의 근무자들이 60대 이상 노년층으로 구성되어 있다. 일본의 여관은 우리나라의 여관과는 전혀 다르다. 호텔보다 오히려 여관의 숙박료가 더 비싸며, 외국 관광객들이 여관에서 숙박하기를 원한다.

이런 이유로 일본의 여관에서는 나이 드신 고령의 남녀를 직원으로 고용하여 오히려 서비스 차원에서 고객의 감동을 이끌어내고 있다. 이들은 젊었을 때부터 여관에서 근무한 사람들이고, 고객층 역시 젊었을 때 여관에 온 고객이 나이가 지긋이 든 다음 옛날 향수를 못 잊어 여관을 찾는 경우가 많다.

병원의 경우를 살펴보자. 요즘 나이 지긋한 할아버지나 할머니를 고용하여 도우미를 맡기는 병원도 있다. 오랫동안 장수한 할머니와 할아버지를 병원에서 도우미로 채용한다면 여러 가지 이유에서 환자나 가족, 그밖에 병원을 방문하는 사람들에게 좋은 본보기가 될 수 있다.

"저 연세에도 저렇게 건강하다니 어떻게 건강관리를 했을까? 나는 이제 겨우 40세인데 몸이 아파 매일 병원에 오는데" 하면서 할아버지와 할머니를 다른 차원에서 바라볼 것이다.

이뿐만이 아니다. 나이 드신 할머니와 할아버지가 병원에서 안내하는 도우미 활동을 하면 젊은 사람들보다 더 친절한 이미지를 심어줄 수 있다. 교육만 제대로 시킨다면 안내뿐 아니라 병원의 보조업무를 수행하는 데도 큰 역할을 할 수 있다.

나이 지긋한 할아버지가 호텔 정문에 도어맨과 똑같은 복장으로 서서 "안녕하세요?"라고 인사를 건넨다고 생각해보자.

아마 병원의 첫 대면부터 기분이 무척 좋을 것이다. 아버님 같은 할아버지한테 인사를 받는다는 것도 기분 좋은 일이지만 병원 분위기상 건강과 직결된다는 차원에서도 도움이 된다. 환자들은 "저 연세에 일을 하시다니 나도 빨리 건강을 회복하도록 노력해야겠어. 이제 술과 담배도 줄이고 말이야" 하고 다짐하게 된다.

이밖에도 할아버지, 할머니는 엘리베이터 안내, 약국 안내, 지하실 안내, 병실 안내, 수술실 안내, 내부 청소, 교통정리 등 다양한 업무를 수행할 수 있다. 무엇보다 병원을 찾는 환자나 가족들에게 병원에 대한 좋은 이미지를 심어줄 수 있다. 나이 지긋한 노인을 채용했다는 그 하나만으로도 말이다.

고객을 부르는 서비스 Tip

외국의 유명 호텔에는 70세 넘은 할아버지가 턱수염을 길게 기른 채 호텔 도어맨 복장을 하고 입구에서 고객들에게 깍듯이 인사한다. 이런 장면을 본 고객 대부분은 무척 흡족해한다. 뿐만 아니라 나이 지긋한 할아버지와 할머니가 호텔이나 병원에서 근무하면 환자 가족이나 고객들은 평소 젊은 직원들을 대하는 태도보다는 조심스럽게 이들을 대한다. 화를 내고 싶어도 쉽게 수그러들거나 나이가 들었다는 것 하나만으로도 친절한 이미지를 풍긴다.

이처럼 할머니와 할아버지는 친절의 이미지로 아주 적합하다는 사실을 병원에서 알 필요가 있다. 그러나 할아버지와 할머니는 가능한 한 단순업무에 종사하도록 해야 하며 너무 복잡한 업무는 맡기지 않아야 한다.

퇴원 후에도 지속적으로
환자를 관리한다

아픈 사람한테 가장 중요한 것은 관심이
다. 환자한테 얼마나 진심 어린 마음으로 배려와 관심을 가져주
느냐에 따라 당신의 병원을 방문하는 환자가 감동한다.

관심이란 좀 더 심도 있게 표현하자면 동정을 갖는 것이다. 진
심이 우러나오는 동정 어린 마음으로 환자를 대하는 것만큼 환자
의 마음을 사로잡는 것은 없다.

환자들이 병원에 있을 때 간호사나 의사가 동정과 관심, 배려
를 보이는 것은 당연한 일이다. 그러나 환자가 병을 다 치료하고
건강한 모습으로 퇴원한 후 일상적인 업무에 복귀했을 때가 더
중요하다.

이제는 환자도 병원에 대해 모두 잊어버렸고 병원 역시 환자가
더 이상 병원을 찾지 않으니 다 잊어버리고 새로운 환자를 치료

하고 관리하느라 정신이 없다.

이럴 때 "편지 왔습니다"라고 우편배달부가 찾아와 하얀 엽서를 한 장 건네주고 갔다. "나한테 엽서를 보낼 사람이 아무도 없는데 무슨 엽서가 왔단 말인가" 하면서 신기한 듯 엽서를 보았다. "아니, 이것은 ○○병원 간호사한테서 온 편지가 아닌가. 나는 더이상 아프지도 않고 몸도 예전처럼 완전히 회복되었는데" 하며 무슨 일인가 읽어보았다.

내용은 이러했다.

안녕하세요, 김근종 님.

기억을 하실지 모르겠습니다. 선생님께서 퇴원하신 지 벌써 한 달이 다 되어가니 일상생활을 하시느라 잊어버리셨을지도 모르겠네요. 저는 15층 중환자실 간호사 ○○○라고 합니다. 요즘 퇴원 후에 어떻게 지내시는지 궁금해서 이렇게 엽서를 보내드립니다.

심장수술 후에 건강은 어떠신지요? 다른 이상 징후는 나타나지 않고 건강하신지요? 그리고 제가 설명해드린 주의사항을 잘 지키고 계신지도 궁금합니다. 수술을 한 환자분들이 건강을 찾으신 후에는 아팠던 시절을 기억하지 못하고 주의사항을 지키지 않는 경우도 많았습니다. 그러나 항상 건강에 유념하시고 심장에 해로운 음식이나 무리한 육체적 운동은 피하셔야 합니다.

항상 건강하시고 가정이 행복하시길 빌겠습니다.

이런 엽서를 받아본다면 감동하지 않을 사람은 아마 없을 것이다. 이 얼마나 고객을 감동시키는 편지인가. 퇴원 후에도 지속적으로 환자를 관리하고 있다는 인상을 강하게 심어줄 수 있다. 이런 편지를 퇴원 후 환자에게 보내는 병원은 그리 흔치 않을 것이다.

"우리 병원에서 치료를 해서 다 나았으면 그만이지 무슨 엽서까지 보내라는 거야. 병원이 얼마나 바쁜 곳인 줄 모르는 모양이군" 하는 냉소적인 반응을 병원에서 보일 수도 있다.

그러나 치료를 끝내고 집에 돌아와 일상적인 업무에 복귀한 환자로서는 고마워 눈물이 날 정도다. 병원에서 정성 어린 마음으로 자신을 치료해준 간호사의 얼굴을 떠올리며 그 병원에 더욱 호감을 갖게 될 것이다.

"우리 아들도 챙기지 못하는 내 마음을 간호사가 이런 엽서를 보내 감동시키다니. 정말 친절한 간호사야. 역시 그 병원을 선택하길 잘했어. 다른 병원이라면 이런 엽서를 보내지 않았을 거야" 하면서 매우 흡족해한다.

한번 인연을 맺으면 죽을 때까지 같이 가는 평생환자를 관리하는 것이야말로 초경쟁 시대에 직면한 병원에서 꼭 해야 할 일이다.

가만히 앉아서 환자를 기다리는 시대는 지났다. 외국의 유명 병원들이 계속 한국 시장을 공략하기 위해 애쓰고 있고 병원을 개업할 날도 머지않아 다가오고 있다. 이럴 때일수록 우리 병원에서는 환자를 어떻게 관리할 것인지 병원을 운영하는 병원장들은 고민해보아야 할 것이다.

고객을 부르는 서비스 Tip

엽서를 작성할 때는 워드로 칠 것이 아니라 직접 자필로 쓰도록 한다. 모든 환자에게 이렇게 엽서를 쓴다는 것은 무리다. 그러나 중환자나 장기간 입원을 했다가 건강을 찾아 회복한 환자, 암이나 기타 중병이라고 판단되는 환자 등 병원 측에서 볼 때 지속적으로 관리가 필요하다고 생각되는 환자에게 이런 엽서를 보낸다면 환자를 감동시키기에 충분하다.

단지 형식적인 차원이 아니라 마음에서 우러나오는 편지가 되도록 작성해야 한다. 그리고 환자가 현재 건강을 찾았다 해도 주의사항 등을 적어 보내야 한다. 만약 회복 불가능한 환자라면, 목숨이 얼마 남지 않은 환자라면 용기를 불어넣을 수 있는 내용을 적어 보내야 할 것이다.

의사는 주인공, 간호사는 조연, 환자는 관객

영화의 흥행과 실패는 시나리오에 달려 있다고 해도 과언이 아니다. 좋은 시나리오가 있어야 영화가 성공하는 것은 당연하다. 그러나 아무리 좋은 시나리오가 있다 해도 주인공이 그 역할을 제대로 하지 못한다면 그 영화는 흥행에서 성공할 수 없다.

병원은 어떤가. 병원 역시 영화에 비교할 수 있다. 아무리 좋은 시설과 장비를 갖추고 있다 해도 훌륭한 의사가 없다면 그 병원에 환자가 몰리지 않는다. 즉 병원이 성공을 할 수 없다.

병원의 성공과 영화의 성공은 잘 살펴보면 비슷한 면이 많다. 그 병원을 찾는 이유 중 하나는 훌륭한 의사가 있기 때문이다. 거기에 끝내주는 시설과 서비스, 장비 등이 골고루 갖추어져 있다면 대박나는 병원이다. 그래서 수억 원을 들여 유명 의사를 초빙해 '세계 최고의 심장병 전문가 초빙'이라고 플랜카드도 내걸고 떠들어대는 것이다. 훌륭한 주인공을 모셔왔으니 빨리 와서 영화를 보라는 의미가 아닌가.

병원의 의사가 영화의 주인공과 마찬가지라면 어떻게 해야 할까? 관객인 환자 고객에게 연기를 잘해야 한다. 그것도 완벽한 연기를 말이다. 슬픈 장면을 연출하면 즉석에서 슬픈 표정과 말, 느낌, 감정이 나와야 관객이 도취된다. 의사가 주인공이라면 환자 앞에서 철저하게 변신을 해야 한다.

변신의 귀재인 의사라면 암으로 고생하는 환자에게 환자가 현재 느끼는 감정 그대로를 표현할 것이다. 환자가 웃는다면 의사도 마찬가지로 따라서 웃는 것이다.

병원의 마케팅은 의사에게 달려 있다. 의사가 어떻게 하느냐에 따라 환자가 감동을 받을 수 있다. 의사가 환자 앞에서 마케팅을 못 한다면 당장 병원을 떠나야 하는 신세에 처할 것이다.

환자는 의사와 소통하기를 원한다. 환자는 의사의 설명을 듣기를 바란다. 환자는 의사가 유명한 사람이기를 원한다. 이런 모든 것이 환자들이 바라는 요구사항이다.

의사는 환자와 일대일로 대응해서 상담을 하는 관계로 다른 전문직 종사원보다 사람에 의한 의존도가 매우 높은 직종이라고 보면 된다. 아무리 시설이 낙후되어도 환자가 몰리는 것은 그만큼 병원에서 의사가 차지하는 비중이 높다는 것을 말한다.

그렇다면 의사만 중요하고 나머지는 중요하지 않다는 말인가.

전혀 그렇지 않다. 영화에는 주인공만 출현하는 것이 아니다. 조연이나 엑스트라 배우들의 역할도 중요하다. 이들은 단지 주인공에 묻혀 빛을 발하지 못할 뿐이다. 주인공의 역할을 돋보이게 하기 위해 보조를 맞추어주는 것이다.

병원에서의 마케팅은 의사에게 달려 있다. 의사가 환자에게 다가서는 역할을 제대로 한다면 환자를 위한 다른 서비스는 조연에 불과하다. 당신이 의사라면 요즘 뜨는 영화를 보고 주인공이 어떻게 해야 하는지 분석한 다음 그대로 따라 해보자.

고객을 부르는 서비스 Tip

병원에서는 단체로 연극을 관람할 필요가 있다. 병원에서 교육 프로그램을 편성할 때도 반드시 연극 보는 시간을 넣어야 한다. 그리고 병원에서 근무하는 직원들이 직접 시나리오를 써서 환자들을 대상으로 연극을 공연하는 연극반을 운영한다.

주제는 다양하게 정할 수 있다. '암을 극복한 미영이 아빠 이야기', '우리 아빠 힘내세요', '엄마를 부탁해' 등 다양한 주제를 가지고 연극을 해보자. 환자나 환자 가족, 직원들 모두가 관객이 되는 것이다. 정기적으로 이런 연극을 한다면 환자뿐 아니라 환자 가족들도 좋아할 것이다.

# 직원 스스로 처리할
수 있는 권한이 필요하다

한번은 가족끼리 외식을 하기로 하고 근처의 호텔 레스토랑에 갔다. 제법 규모도 크고 내부 시설도 좋은 호텔 레스토랑이었다.

레스토랑에서 식사를 맛있게 끝내고 후식시간이 돌아와 웨이터가 커피를 들고 테이블에 왔는데, 그만 실수로 넘어지는 바람에 커피를 쏟아 와이셔츠와 양복이 온통 커피로 물이 들었다. 뜨거운 커피가 아니고 냉커피였기에 다행이지 뜨거운 커피였으면 화상을 입을 뻔한 아찔한 순간이었다.

종업원은 계속 죄송하다고 사과만 했다. 죄송한 것은 제쳐두고 종업원의 실수로 넘어져 그런 것이니 양복, 와이셔츠 세탁비에 대해 뭐라고 언급할 줄 알았는데 계속 "죄송합니다만 잠시만 기다려주시겠습니까? 지금 책임자가 잠깐 밖에 나가서 그럽니다.

잠시만 기다려주십시오”라는 말만 되풀이했다. 몇 십 분을 기다려서야 레스토랑 책임자가 나타났다.

그러자 그는 나에게 잠시 전의 상황에 대해 다시 한 번 말씀해달라고 했다. 내가 이야기를 하자 이번에도 잠시 기다리라고 하고는 부서 총책임자에게 연락해서 바로 조치해드리겠다고 하는 것 아닌가.

벌써 한 시간은 족히 지났다. 나에게 커피를 쏟은 직원은 퇴근 시간이 되어 지배인에게 자신의 잘못을 인정하고는 퇴근하고 없었다. 나는 몹시 화를 내면서 항의한 후에야 적절한 조치를 받을 수 있었다.

호텔이라고 하면 말단 직원이라 할지라도 권한을 대폭 위임하여 즉석에서 “손님, 대단히 죄송합니다. 당장 세탁소에 연락해서 바로 조치를 취해드리겠습니다. 그리고 식사는 오늘 무료로 해드리겠습니다”라는 말이 나와야 하지 않겠는가.

병원도 마찬가지라고 본다. 병원에서 일정 기간 일한 간호사나 의사, 기타 원무과 직원이나 경비 직원이라 할지라도 뭔가 문제가 발생했다면 즉석에서 해결을 해주어야 한다. 담당 책임자에게 모든 일을 결제받고서야 해결해줄 수 있는 것은 어느 병원에서나 가능한 일이다.

예를 들어 병원 주차관리 요원이 환자의 차를 주차시키다가 그만 잘못하여 차에 손상을 입혔을 경우를 생각해보자. 즉석에서

"죄송합니다. 바로 조치를 해드리겠습니다" 하고는 정비요원을 불러 현장에서 돈을 지불해주거나 차 주인에게 적절한 조치를 취한다면 상대방 환자 고객이 무슨 생각을 하겠는가.

"경비원이 무슨 돈이 있다고 지갑에서 돈을 꺼내 나에게 준단 말인가. 미안해 죽겠네. 이래도 되는 거야" 하면서 몹시 놀랄 것이 분명하다. 말단 경비 직원이 자신의 돈으로 지불해준다는 것 자체가 환자 고객의 입장에서는 놀라울 따름이다.

물론 경비원은 정상적으로 업무를 처리하다 발생한 사건이니 나중에 담당 책임자에게 적절한 조치를 받겠지만, 중요한 것은 환자가 보는 앞에서 환자의 마음이 상하지 않게 즉석에서 보상을 해주었다는 것이다. 조금 전의 호텔 레스토랑과는 전혀 다른 대응책으로 고객을 대한 것이다.

서비스를 제대로 하려면 말단 직원이라도 환자를 위해 일하다가 발생한 사건이나 사고에 대해서는 즉석에서 해결할 수 있는 시스템을 구축해놓아야 한다. 돈으로 해결하거나 아니면 다른 것으로도 해결할 수 있어야 직원들이 마음 놓고 일할 수 있다. 권한을 주지 않으면 직원들은 실수할까봐 무서워 일 자체를 열심히 하지 않을 것이다.

그리고 책임에 대한 두려움 때문에 사고가 발생할 확률이 높은 일, 피해가 발생할 확률이 높은 일에 대해서는 절대 나서서 일을 해결하지 않을 것이다.

"잘못했다가는 내가 다 책임져야 하는데 살짝 빠져야지. 기회를 봐서 말이야" 하면서 일을 기피한다는 사실을 명심하자. 당장 오늘부터 직원들에게 적절한 권한을 주어 직원들이 제대로 일을 할 수 있는 분위기를 조성해주자.

고객을 부르는 서비스 Tip

간호사나 의사, 원무과 직원, 경비업체 직원 등이 환자를 위해 일하다 발생한 사건이나 사고에 대해서는 지위 여하를 막론하고 즉석에서 적절한 배상이나 조치를 취할 수 있는 권한을 주어야 한다. 그래야만 환자를 위한 서비스를 제대로 할 수 있다. 원무과 직원은 대리에게, 대리는 과장에게, 과장은 부장에게 결재를 받아야 한다며 마냥 기다리게 하는 것은 환자를 무시하는 행위다. 환자는 현장에서 즉시 해결해주기를 원하는 것이지 최고책임자가 나서서 해결해주기를 원하는 것은 아니다.

병원 직원들이 마음 놓고 일할 수 있는 분위기를 조성해주는 것은 월급을 많이 주는 것 못지않게 중요한 일이다. 물론 병원에서도 생각하고는 있지만 행동으로 실천하기까지는 많은 고민을 할 것이 분명하다. 그러나 당장 오늘부터 실천하는 병원으로 거듭나 보자. 당신이 운영하는 병원에 대해 이런 광고만 내도 엄청나게 우수한 인재가 몰릴 것이다.

 # 부서별 장벽을 허물지 않으면 그 피해자는 환자

"여보세요. 이비인후과지요? 여기 내과입니다. 거기 김○○ 환자분 차트 있나요?"라고 내과에서 근무하는 간호사가 다급한 목소리로 이비인후과로 전화를 했다. 그러자 "지금은 바쁘단 말이에요. 직접 와서 챙겨 가세요" 하면서 한마디로 거절한다.

이런 현상은 부서가 많은 곳에서 자주 발생한다. 자신이 근무하는 부서 이외에는 절대로 시간을 내주거나 도와주려고 하지 않아 문제가 발생한다. 가장 큰 문제는 피해를 보는 사람이 환자라는 것이다.

환자는 일괄적인 원스톱 시스템으로 일이 척척 진행되기를 원한다. 피 검사, 소변 검사, 엑스레이 검사 등 다양한 검사를 받아보면 환자가 보는 앞에서 병원 직원들이 서로 일을 미루는 장면을 자주 목격할 수 있다. 이런 직원들에게도 문제가 있지만 가장 큰 문제는 환자를 위한 서비스 교육을 제대로 시키지 못한 병원 운영자에게 있다고 본다.

병원에서는 환자를 최우선으로 생각하는 슬로건을 내세워야 한다. 환자를 위한 일이라면 부서를 막론하고 모든 일을 제치고 무조건 환자에게 매달려야 한다. 환자를 앞에 세워놓고는 아직 차트가 도착하지 않았으니 기다려야 한다는 둥, 엑스레이 기사가 다른 부서에 가 있으니 조금 기다리라는 둥 이런저런 핑계가 한두 가지가 아니다.

각 부서별 장벽을 허물지 않고는 말이 통할 리 없다. 매일 아침 조례를 하면서 구호를 외치자. "장벽을 허물자. 환자를 생각하자." 각 부서에서는 업무의 특성이 조금 다르더라도 환자를 위한 일이라면 모든 것을 제치고 환자에게 시간을 투자하자.

한 호텔에서 이런 일이 있었다. 신혼여행차 호텔에 투숙한 고객이 아침에 일어나 세수를 하면서 다이아몬드 반지를 화장지에 돌돌 말아 세면대 옆에 놓고는 깜빡 잊어버리고 그만 퇴숙해버린 것이다. 평소에 반지를 낀 경험이 있었다면 금방 인지할 수 있었을 텐데 결혼 후 처음 낀 다이아몬드 반지다 보니 그런 현상이 발생한 것이다.

집에 도착한 후 이틀이 지나 호텔에 전화를 걸었다. "여보세요. 반지를 그만 호텔 객실에 놓고 온 것 같습니다." 객실이 모두 500실이 넘으니 이틀 정도라면 트럭으로 몇 대분 쓰레기 더미가 쌓여 있을 텐데 실로 난감한 일이다. 객실 청소를 담당하는 아주머니도 책임이 있지만 다이아몬드 반지가 화장지에 싸여 있었으니 몰랐던 것이다.

호텔의 객실 담당 직원이라야 야간에 몇 명 되지도 않는데 그 일을 해결할 수가 없었다. 긴급히 요청해서 전 부서의 직원이 동원되어 7시간 만에 각종 쓰레기 더미를 뒤진 끝에 다이아몬드 반지를 찾았다. 부서의 장벽을 허물어버리고 전 직원이 쓰레기 더미에 매달려 밤샘 작업을 한 것이다.

병원도 마찬가지다. 전 부서가 환자를 위한 일이라면 일단 장벽부터 부숴버려야 한다. 병원에 가보면 아직도 부서마다 완력이 대단하다.

자신이 근무하는 부서에 힘깨나 쓰는 과장이 있다면 그걸 믿고 창살보다 더 튼튼한 장벽을 치는 부서 직원들이 있다. 그 피해자는 환자라는 사실을 잊지 말아야 한다.

부서의 장벽을 허물어버리고 의사소통이 잘 이루어지게 하기 위해서는 부서 책임자들이 적극적으로 나서야 한다. 말단 직원들이 아무리 노력해봐야 소용없다. 부서의 책임자들이 매일 미팅을 해서 왜 의사소통이 안 되는지 점검해야 한다. 그리고 소통이 안 되는 원인을 정확히 분석하고 규명해야 한다. 부서 책임자들이 환자를 위한 일에 나서지 않으면 결코 부서간의 장벽은 허물어지지 않는다.

시간이 되면 부서에서 시나리오를 준비해 가상의 연습을 해보는 것도 중요하다.

　"여보세요. 이비인후과 ○○○입니다. ○○○ 환자님 차트가 거기에 있습니까?" 하면 바로 "네, 이비인후과 ○○○입니다. 바로 준비해놓겠습니다. 지금 제가 바쁘지 않으니 바로 갖다드리도록 하겠습니다"라는 말이 나와야 의사소통이 제대로 이루어지는 것이다.

## Part 8

이제 병원도 경영
능력이 필요하다

직원들의 아이디어
속에 답이 있다

좋은 호텔과 나쁜 호텔이 있다. 좋은 호텔은 시설도 좋고 종사자의 처우도 좋고 직원과 사장, 간부가 가족같이 지내는 호텔이다. 그래서 이런 호텔은 매일매일 좋은 일이 넘친다.

그러나 나쁜 호텔은 시설은 좋지만 사장과 간부들이 권위적이다. 그러다 보니 아부만 넘치고 진실은 없다. 이런 호텔 직원들은 '어떻게 하면 오늘 하루 일과를 대충 끝내고 집에 갈까' 하는 생각만 한다. 그러나 좋은 호텔 직원들은 '어떻게 하면 좋은 아이디어를 내서 호텔의 경영에 도움을 줄까?' 하고 늘 고민하고 연구한다.

병원도 마찬가지다. 직원들에게 좋은 병원이 있는가 하면 나쁜 병원도 있다. 병원장, 의사, 간호사가 각각 달리 생각한다. 그래서 좋은 병원이 되려면 병원에서 근무하는 직원들이 좋은 아이디어를 많이 내놓아야 한다. 그러려면 아이디어를 낼 수 있도록 직원들에게 좋은 책을 선정해주는 것은 기본이고 좋은 책을 한 달에 한 권 정도 구입해서 줘보라. 물론 싫어하는 직원도 있겠지만 아이디어를 내기 위해 책을 읽으라고 권장하고 많은 아이디어를 낸 직원에게 포상도 해보라.

그럼 직원들로부터 나온 아이디어 가운데 활용할 만한 것이 있는지 살펴보자.

"우리 병원 홈페이지는 너무 단순합니다. 관련 상식이 부족한 것 같습니다. 성형을 잘하는 병원이라고 하지만 성형에 따른 다양한 얼굴 모습과 함께 연예인 사진도 좀 넣고 얼굴과 관련된 관상학적인 전문용어도 삽입해야 할 것 같습니다. 그리고 피부과의 경우 피부와 연계된 각종 질병을 누구나 알 수 있게 쉬운 용어로 설명했으면 좋겠습니다. 지금 되어 있는 설명은 너무 어려워서 일반인들이 쉽게 알아보지 못해요. 상담 게시판을 만들어놓고 전혀 답변을 해주지 않아 많은 이용자들이 불만을 제기하고 있습니다. 별도로 답변을 해줄 수 있는 시스템을 만들어놓아야 할 것 같습니다."

"우리 병원도 통신사와 연계하여 적극적으로 모바일 홈페이지를 홍보해야 할 것 같습니다. 그렇게 하면 수천 명에서 수만 명에게 홍보할 수 있잖아요."

"우리 병원에서는 자체적으로 열심히 하고 환자를 위한 서비스를 최고 잘한다고 하지만 소문에 의하면 그렇지 않은 것도 많다고 봅니다. 그래서 인근 병원 중 아주 잘한다는 병원을 관찰하고 배울 것이 있는지 직접 확인할 수 있도록 해주십시오. 호텔 주방장은 매일 한 번씩 다른 호텔의 요리를 시식할 수 있도록 호텔 측에서 비용을 전액 지불한다고 합니다. 우리 병원에서도 각 과별로 그런 기회를 주십시오."

"우리 한의원은 치료 범위가 너무 광대해서 최근 환자 수가 급격히 떨어지는 것 같습니다. 이제는 차별화해야 합니다. 코를 전문적으로 치료하든, 수험생의 머리 아픈 곳을 치료하든 한 가지를 특화해서 치료 및 홍보를 해야 할 것 같습니다. 머리 아픈 것만 해도 다양한 치료법이 있습니다. 수험생의 기억력을 높여주는 치료, 수험생의 불면증을 없애주는 치료, 수험생의 활력을 높여주는 치료 등으로 구분해서 세분화한다면 지금보다 훨씬 더 좋아질 것 같습니다."

"우리 병원에서도 그 유명한 존스홉킨스의 암 전문병원처럼 한 가지 병을 집중적으로 치료하되 그에 따라 파생되는 치료가 많아야 병원 매출이 껑충 뛸 것입니다."

"우리 한의원을 찾는 환자 대부분이 침 맞는 것을 두려워합니다. 새로 들여온 침 도구에 대해 홍보를 많이 해서 환자들이 찾아오지만 다른 한의원에서 하지 않는 것이므로 꺼려합니다. 그래서 생각해낸 것이 환자들에게 직접 새로운 침 도구를 적용할 것이 아니라 지금 침을 맞고 있는 환자들을 보여주는 것이 어떻습니까? 환자들에게 진료를 마친 후 치료하는 장면을 보여준다면 환자들의 두려움이 사라질 것 같습니다."

"우리 병원은 비록 동네병원이지만 정보 자체가 공유되지 않는 것 같습니다. 내가 알고 있는 환자를 다른 간호사는 모르는 경우가 대부분입니다. 퇴원할 때는 모든 간호사가 직접 인사를 하는 것도 좋을 것 같습니다. 담당자만 인사할 것이 아니라 의사나 간호사, 원무과 직원도 퇴원 축하인사가 필요한 것 같습니다. 그래야 환자가 좋아해서 주변 사람을 우리 병원에 추천해줄 것입니다."

고객을 부르는 서비스 Tip

직원들의 작은 아이디어를 무시해서는 절대 안 된다. 직원들이 자유롭게 아이디어를 낼 수 있는 분위기를 조성하는 것이 중요하다. 너무 경직된 분위기에서는 좋은 아이디어가 나오지 않는다. 또한 좋은 아이디어를 냈을 때는 적절한 인센티브를 제공해주어야 한다. 그래야 더욱 창의적인 아이디어가 나올 수 있다.

# 환자가 몰리는데 적자라니

"**당신** 살림을 도대체 어떻게 한 거야? 내가 매달 꼬박꼬박 돈을 그렇게 많이 갖다주는데 왜 매일 돈이 없다고 난리야. 도대체 뭐가 문제야? 돈을 어디에 다 쓰는지 모르겠네."

열심히 일하는 남편들, 가끔 아내에게 이런 불만을 털어놓은 적이 있을 것이다. 아내가 살림을 제대로 못 해 항상 빚에 쪼들린다면 남편 걱정이 이만저만이 아니다. 아무리 열심히 일해도 무슨 소용이 있는가. 살림도 경제적인 마인드에 입각해서 잘해야 하는데 그렇지 못하기 때문에 걱정이다.

병원도 이제는 전문 경영인의 시대가 온 것 같다. 환자가 몰리지만 어찌된 영문인지 결산을 해보면 항상 적자가 나는 병원이라면 다시 한 번 명확하게 자신의 병원을 진단할 필요가 있다. 열심히 환자를 진료하는 것도 중요하지만 경영진단을 제대로 못 하면 병원 문을 닫을 수도 있기 때문에 이것만큼 중요한 것은 없다. 그러나 상당수 병원장들이 아직도 자신이 운영도 최고로 잘하고 환자 치료도 최고라고 생각하며 자만에 빠져 있다.

동네 어디를 가나 병원 간판이 없는 곳이 없다. 치과, 내과, 산부인과, 한의원, 심리치료, 외과…… 이루 말할 수 없이 많은 것이 병원 간판이다. 여기에 기센터 같은 병원과 유사한 간판까지 합치면 병원 홍수 시대에 돌입했다고 해도 과언이 아니다.

처음 병원을 개업했을 당시만 해도 한국, 아니 전 세계에서 찾아보기 힘든 최고의 병원을 짓겠다는 엄청난 꿈을 가지고 시작했겠지만 이제 그 꿈은 사라지고 말았다. 개업하면서 은행, 친척, 친구 등으로부터 빌린 돈의 이자를 도저히 감당하지 못하고 도산 직전까지 갔기 때문이다.

이런 현상은 병원뿐만이 아니다. 약국도 마찬가지다. 동네를 둘러보라. 약국이 얼마나 많은지 말이다. 미용실, 공인중개사, 편의점 수만큼이나 많은 것이 병원과 약국이 아닌가 싶다. 정말 포화 상태에 이르렀다.

병원에서는 당연히 의료 전문성을 갖춘 전문의가 중요하지만 이제는 살림살이를 제대로 할 경영 전문성을 갖춘 사람도 절실히 필요하다. 모든 것이 완벽할 수 없다. 경영도 잘하고 치료도 잘하고 서비스도 잘하고 모든 것이 완벽하다면 그것보다 더 좋은 일은 없겠지만 말처럼 쉽지 않다.

그래서 병원도 전문 경영인이 제대로 운영을 잘해야 한다는 것이다. 회계, 판촉, 직원 관리, 서비스 등 병원은 하나의 기업이다. 이런 기업을 제대로 운영하지 못한다면 문을 닫을 수밖에 없다.

호텔의 경우를 살펴보자. 물론 호텔과 병원은 다른 면이 많지만 운영적인 면에서는 유사한 점도 많다. 호텔은 특등급, 특급, 1급, 2급 등으로 분류해놓고 있다. 그리고 각 등급마다 그에 맞는 지배인 제도를 도입한다.

투자자는 호텔을 짓지만 호텔 운영은 전문성과 경험이 축적된 유능한 총지배인이 총괄한다. 총지배인이 전문 경영인으로서 인사, 경리, 마케팅, 총무, 판촉, 교육 등 호텔의 모든 경영을 책임지고 운영한다.

호텔에는 다양한 식당이 있다. 일식당, 양식당, 프렌치 식당, 한식당, 이탈리아 식당, 중식당 등으로 나누어 운영하고 있다. 이들 식당에서는 주방장이 책임을 지고 음식을 만들어내는데 호텔을 그만두고 자신의 음식점을 창업하려는 사람들도 많다. 자신이 그동안 호텔에서 쌓아온 고급 조리기법을 바탕으로 창업을 하면 큰 문제 없이 돈을 벌 수 있을 것이라 생각한 것이다.

그러나 수년이 지난 후 이들의 창업성적표를 살펴보기로 하자. 누가 성공을 하고 누가 실패했다고 생각하는가? 몇 년이 지나 살펴보았더니 대부분의 호텔 주방장 출신이 호텔을 그만두고 창업을 한 결과 실패했는데 그래도 성공한 주방장이 있다. 누구라고 생각하는가? 바로 일식당 주방장이다. 그 이유는 무엇일까? 해답은 간단하다.

일식당을 제외한 대부분의 식당 주방장들은 호텔에 근무할 때 직접적으로 고객을 대하지 않았다. 주방이라는 밀폐된 곳에서 요리를 만들어놓으면 웨이터가 가지고 가서 고객에게 제공하였다.

그러나 일식당은 고객이 직접 보는 앞에서 요리를 해서 준다. 그러다 보니 호텔에 근무하면서 고객과 친해지는 방법, 고객을 편하게 하는 방법 등이 자연스레 몸에 배었다. 그런 경험이 호텔을 그만두고 나와 창업을 하여 성공을 거둔 원동력이 된 것이다.

병원 의사들을 호텔 주방장과 비교하자는 것은 아니다. 단지 참고할 필요가 있다는 것이다. 열심히 공부만 하고 오직 한 길로만 달려온 의사들이, 대학병원에서 아니면 제법 큰 병원에서 명성을 떨치는 의사들이 직접 자신의 병원을 차렸지만 실패한 사례가 많다.

과연 그 원인이 어디에 있는지 생각해볼 필요가 있다. 경영 마인드를 갖추는 일은 결코 하루아침에 이루어지는 것이 아니다.

도대체 병원 입구가 어디야?

배가 아파 병원 간판을 보고 뛰다시피 해서 드디어 도착했다. 그러나 건물을 몇 바퀴 돌아도 도대체 병원 입구를 찾을 수 없으니 화가 나 미치겠다.

"조금 전 크게 써붙인 간판을 보고 왔는데 막상 도착하니 입구를 찾을 수 없으니……" 불평불만을 털어놓고 계속 입구를 찾느라 난리다. 배는 아파 죽겠는데 말이다.

이런 경험을 누구나 한두 번쯤은 해보았으리라. 멀리서도 보일 수 있는 병원 간판을 달아놓고 정작 병원 근처에 도착해서는 입구를 찾을 수 없으니 말이다.

이런 경우 환자는 의사 진료를 받기도 전에 열이 받는다. "다시는 이 병원에 오지 말아야지" 하든가, 아니면 "마침 다른 병원이 저기 보이는군. 저리로 가야겠어" 하면서 방향을 틀어 다른 병원으로 발길을 돌리고 만다.

병원뿐인가. 음식점도 마찬가지다. 배가 고파 음식점 간판을 보고 갔는데 도저히 음식점 입구를 찾지 못하니 말이다. 건물 주변을 몇 번 돌다가는 이내 지쳐 다른 음식점으로 발길을 돌리는 것이다.

병원의 위치와 입구는 대단히 중요하다. 처음 개업하는 병원일 경우 반들반들하고 깨끗한 새 건물이라고 무작정 입주해서 병원을 오픈할 것이 아니라 병원의 동선을 최대한 살펴봐야 한다. 아픈 사람들이 찾아가는 곳이기 때문에 환자의 동선을 고려해야 한다는 의미다.

다리가 불편해서 절룩거리며 가는 환자, 기침이 심해 찬바람을 쐬면 큰일나는 환자, 허리 디스크로 인해 오랫동안 고생을 해온 환자 등 병의 종류에 따라 환자는 다양하다. 이들이 젊은 청년처럼 건강한 사람인가. 그렇다면 병원을 찾을 리가 없다. 그래서 병원 위치는 대단히 중요하다.

위치만큼 중요한 것이 입구다. 건물 구조가 특이해서 입구가 이상한 곳으로 나 있는 건물이 의외로 많다. 일반 사람들이 생각하기에 그쪽 방향은 입구가 아닐 것 같은 곳에 입구가 나 있어 병원을 찾는 환자들이 고생을 하는 것이다.

"아이고, 허리 아파 죽겠는데 이 병원은 도대체 주차장이 어디에 있는 거야?" 하면서 입구만큼이나 중요한 주차장으로 인해 고생하는 환자들도 의외로 많다. 치료를 잘하는 병원으로 이름이나 있더라도 주차문제를 생각하면 골치가 아파 다른 적당한 병원이 있다면 그쪽으로 바꾸고 싶어 하는 것이 대다수 환자들의 의견이다.

이제 막 병원을 개업하려는 의사라면 이러한 사실을 인지하고 반드시 병원의 건물 구조를 살펴야 한다. 그저 사람들이 북적대는 위치라고 무턱대고 계약해서 환자들을 불편하게 하지 말고 말이다.

병원 건물을 계약하기 전에 도로의 방향, 건널목, 사람들이 오는 방향, 가는 방향을 잘 살펴봐야 한다. 사람들이 오가기 편리한 방향이 분명히 있다. 괜스레 의사가 사는 방향과 같다고 해서, 아니 인접한 위치에 있다고 해서 병원 건물을 계약했다가는 큰 낭패를 볼 수도 있다. 처음부터 철저하게 건물의 구조를 살핀 다음 계약을 해야 한다.

호텔 건물은 사람들이 찾기 쉽게 입구부터 만국기를 달아놓고 있다. 그리고 입구에는 멋진 복장을 한 호텔 도어맨이 고객을 기다리고 있다. 고객이 멀리서 보아도 금방 "아, 저기가 호텔 입구로군" 하고 쉽게 알아볼 수 있다.

물론 병원 입구에 이렇게 해놓을 수는 없다. 그러나 요즘 대학병원이나 제법 규모가 큰 병원에 가보라. 호텔 도어맨은 게임도 안 된다. 복장을 갖춰입은 도어맨이 거동이 불편한 환자들을 입구부터 모시고 있다.

"이 병원은 호텔이야, 병원이야? 도어맨이 입구에서부터 반겨

주니 말이야. 이 병원에 단골로 와야겠어" 하면서 무척 좋아한
다. 조금만 환자를 배려해도 환자는 좋아 졸도한다는 사실을 명
심하자.

고객을 부르는 서비스 Tip

병원의 건물 위치는 대단히 중요하다. 1층, 2층, 3층, 4층,
어느 층을 선택할 것인지 고민을 해야 한다. 만약 높은 층을
올라가기 불편한 환자들이 병원의 주고객이라면 과감하게 1층
을 선택해야 할 것이다. 사람들의 심리는 대부분 움직이는 것
을 싫어한다.

음식점도 1층에서 운영하는 경우 2층이나 3층보다 매상이
2~3배 정도 차이가 난다는 사실을 생각해볼 필요가 있다. 이
제 막 시작하는 병원이라면 환자들이 찾기 쉽고 편리한 동선
에 위치해야 하며, 무엇보다 입구가 환자들의 눈에 확 띄는
곳에 있어야 환자들의 마음을 사로잡을 수 있다.

# 여성 환자 전용 병원

성에 대한 구분으로 영업을 하는 추세가 점점 강해지고 있다. 남성 전용 마사지실, 여성 전용 마사지실, 여성 전용 호텔, 남성 전용 호텔, 여성 전용 레스토랑, 남성 전용 레스토랑 등 성을 구별하여 고객을 받아들이고 있다.

이뿐인가. 처음부터 호텔의 층을 구분한 여성 전용 객실층도 있다. 이 층에서는 반드시 여성만 객실을 이용할 수 있다. 찜질방도 여성들만 전용으로 이용하는 찜질방이 있다.

병원의 경우를 살펴보자. 이미 오래전부터 일부 산부인과 병원에서는 여성 환자를 위해 입구에 '남자 의사가 아닌 여성 의사가 진료하고 있습니다' 라고 써붙이기도 했다.

그렇다면 이렇게 운영하는 것이 과연 도움이 될까. 실제적으로 성을 구분하여 운영하는 호텔, 찜질방, 병원 등을 살펴보면 성공한 사례가 많다.

병원도 처음 개업할 때부터 여성 환자만 겨냥하여 운영하는 병원을 생각해보자. 치과, 산부인과, 내과, 안과 등 모든 진료과에 여성 환자만 받는 것이다. 여기에 진료를 담당하는 의사와 간호사도 모두 여성이다. 원무과 직원도 여성, 청소하는 사람도 여성, 원장도 여성, 모두 여성이 진료하고 운영하는 병원이다.

여성들은 자신만의 공간을 원하는 욕구가 남성보다 조금 더 강한 것 같다. 그래서 여성들만을 위한 공간에 더 관심을 갖는 것이 아닐까 생각된다.

여성을 위한 병원이라면 당연히 그 이미지를 강하게 풍길 수 있는 이름이 중요하다. 여성 전용 병원, 여성 전용 치과, 여성 전용 성형외과, 여성 전용 내과, 여성 전용 암센터, 여성 전용 항문병원, 여성 전용 내분비과 등 다양한 이름으로 차별화하여 운영할 수 있다. 여성들이 잘 걸리는 병을 중심으로 병원을 운영하는 것도 하나의 전략이다.

그러나 남녀의 성을 차별화하여 병원을 운영할 경우 모든 것을 잘 따져봐야 할 것이다. 점점 환자 수가 줄어들고 있고 경쟁 병원이 늘어나고 있는 상태에서 성을 구분하여 환자를 받아들이는 것은 매우 위험할 수도 있다는 사실을 명심해야 한다.

반드시 여성 환자 수가 급증할 수 있다는 명확한 판단 아래 시작해야 할 것이다. 여성들이 잘 걸리는 병을 우선적으로 생각해야 하고, 남성 의사가 진료하는 것이 조금 부담스럽다거나 힘든 진료를 먼저 생각해봐야 한다. 자칫 여성 환자 전용 병원으로 개업했다가 조만간 문을 닫을 수 있다는 사실도 명심하자.

고객을 부르는 서비스 Tip

여성만을 위한 공간은 마케팅 차원에서 매우 중요하다. 남성 화장실, 여성 화장실을 구분하여 오래전부터 사용해왔다. 이렇게 성을 구분하여 화장실을 이용하는 것 자체를 여성의 입장에서 보았을 때 아주 잘한 일이라고 생각할 것이다.

마찬가지로 앞으로 추세가 어떻게 전개될 것인지 잘 파악해서 운영한다면 여성 전용 병원도 잘될 것으로 판단된다. 규모가 큰 병원보다는 중소 규모에서 차별화 차원으로 여성 환자들만을 위한 병원을 운영한다면 여성 환자들에게 인기를 얻을 수 있다. "우리 병원은 모든 의료진이 여성 전문가로 구성되어 있습니다"라는 말 자체가 여성들에게 큰 광고 효과를 얻어낼 수 있다.

돈 안 내고 사용하는 병실

호텔 객실은 아주 비싸다. 물론 저렴한 객실도 있지만 특급 호텔인 경우 객실 요금이 적게는 수십만 원에서 많게는 수백만 원에 달한다.

그러나 호텔의 경우 모든 객실에 요금을 받는 것은 아니다. 단체로 호텔을 사용할 경우 보통 15실 이상 사용하면 객실 한 개는 가이드용으로 무료로 제공한다. 돈을 전혀 받지 않고 말이다. 또한 호텔 홍보 차원에서 필요하다고 판단되는 사람에게는 객실을 무료로 제공하기도 한다.

요즘은 그런 경우가 드물지만 과거에는 스키퍼라고 하여 객실 요금을 내지 않고 몰래 도망치는 고객도 있었다. 객실 내에 있는 미니 바의 내용물까지 다 먹어치우고 말이다.

병원의 경우를 살펴보자. 모든 병실은 당연히 돈을 지불하고 환자가 사용해야 한다. 만약 돈을 지불하지 않고 사용한다면 당장 퇴실하라고 난리법석을 떨 것이다.

돈을 안 내고 병실을 사용한다고 생각해보자. 호텔과 비교해서 말이다. 병원에는 돈이 없어 치료를 지속하지 못하는 환자, 장애의 정도가 심하지만 돈이 없는 환자, 돈이 없어 치료가 불가능한 외국인 노동자 환자 등 딱한 사정이 있는 환자들이 많다. 입원을 했다가도 중도에 돈을 지불하지 못하면 당장 나가야 한다.

병원에서 이러한 사람들에게 사랑을 베풀어 일정한 수의 병실을 가칭 '사랑의 병실'이라고 이름 붙여 별도로 마련해둔다. 병원 자체적으로 판단하여 아주 어렵게 생활하는 환자를 위한 병실로 사용하는 방안도 고려해볼 만하다.

대외적인 이미지가 훨씬 좋아질 것이다. 물론 돈을 지불하고 병을 고치는 환자들 중에는 "우리는 돈을 내고 입원했는데 무슨 소리야? 돈을 안 내고 입원한 사람이 있단 말이야?" 하면서 불평하는 사람도 분명히 있다.

그러나 넓게 생각해보자. 경제적으로 힘든 환자가 당장 병을 고치지 않으면 생명도 위험할 수 있다. 일정 병상, 예를 들면 병상 수가 600실 이상이라면 5실 정도는 어렵고 불쌍한 환자들을 위해 배려하는 병실로 꾸며보자. 이 병실은 항상 사랑을 실천하는 병실이라고 칭하고 대내외적으로도 그렇게 홍보하자.

돈을 내지 않고 치료한다고 해서 정확하게 치료를 하지 않는 것은 아니다. 돈을 내고 치료하는 환자와 똑같다는 사실을 알아두자.

국적을 초월하여 외국인 중 경제적으로 어려운 환자라면 국가의 이미지를 업그레이드하는 데도 큰 기여를 할 수 있다. 후진국에 나가 봉사활동을 하는 것도 중요하지만 우리나라에 거주하는 경제적으로 어려운 외국인 환자들을 치료해준다면 병원의 사랑 실천 행위에도 크게 기여할 수 있다.

그리고 병원에 종사하는 직원들에게도 자부심을 심어주어 의욕을 불러일으킬 수 있다. "우리 병원에서 사랑의 병실을 운영한다니 정말 잘한 일이야" 하면서 은근히 주변 사람들에게 자랑할 수 있다. 무엇보다도 무료로 병실을 이용하고 치료를 받은 환자들이 무척 고마워할 것이다. 홍보 차원에서가 아니더라도 병원에서 불우이웃돕기를 한다고 생각하고 당장 실천해보자.

 # 동네병원에서 필요한 전략

병원도 운영하기 나름이다. 전략과 홍보계획을 잘 세운다면 동네에서도 유명 병원으로 이름을 날려 환자가 몰릴 수 있다.

대학병원에만 마케팅이 필요한 것이 아니다. 동네병원이라고 해서 "규모도 작은데 무슨 홍보나 마케팅을 한다고 그래. 어차피 올 환자는 오게 돼 있어" 하면서 매너리즘에 빠지면 병원 경영이 어려울 것이다.

틈새를 잘 보면 뭔가 보이게 되어 있다. 동네병원이라고 우습게 생각하지 말고 오늘부터라도 당장 우리 병원을 찾는 환자들의 특성을 잘 살펴 동네에서 최고의 명성을 날리는 병원으로 거듭나 보자.

지금까지의 방식을 모두 버리고 과감히 새로운 전략을 펼쳐보라는 것이다. 환자가 없다고 한숨만 지을 것이 아니라 말이다. 그렇다면 동네병원에서 이름을 날릴 수 있는 전략들을 하나하나 살펴보기로 하자.

우선 산부인과 간판을 내걸고 있는 동네병원에서 환자가 오지 않아 고민하던 중 이렇게 해보았더니 환자가 늘었다고 한다. 당장 실천 가능한 것은 엄마가 아이를 낳을 때 전 과정을 UCC로 촬영해주는 것이다.

그리고 선물도 제공하고 조촐하지만 축하잔치도 열어 가족이 감동받을 수 있게 의사가 직접 나서서 축하를 해준다. 축하기념으로 아기 옷을 사줄 수도 있고 기저귀를 제공할 수도 있다. 병원 마크가 새겨진 큰 타월도 좋은 아이디어다.

정원이나 카페는 대학병원에나 설치하는 것 아니냐고 반문할 수 있지만 전혀 그렇지 않다. 동네병원의 건물 층수가 낮아도 좋다. 2층 건물이라도 좋다.

옥상에 파라솔로 정원을 꾸미면 된다. 별도의 공간을 확보하여 커피나 전통차를 주는 것도 좋고, 태교를 위해 좋은 음악실도 운영한다.

임산부들이 차를 몰고 오는 경우 철저하게 주차 서비스도 해준다. 홈페이지는 항상 열어두고 자주 업데이트한다. 질문에 대해서는 한 시간 이내에 답변을 해준다.

그리고 가정주부들의 건전한 모임이라면 저녁에 장소를 대여해주자. 건강교실 같은 것도 운영해보자. 대학병원이나 문화센터에만 의존할 것이 아니라 작지만 큰 것을 지향하는 병원이라는 슬로건을 내걸고 운영해보라. 분명히 환자들이나 가족들로부터 좋은 호응을 얻을 것이다. 병원에 왔다가 오랜만에 만난 친구와 잡담할 수 있는 공간도 마련해주자.

요즘 병원 수만큼 많은 것이 한의원이다. 한의원도 경쟁이 치열하다. 코를 전문으로 하는 한의원, 머리 아픈 것을 말끔히 해소해준다는 한의원, 살을 빼준다고 광고하는 한의원 등 이루 말할 수 없이 많다.

탕전실에서 탕전을 하면서 다양한 볼거리를 제공한다. 탕을 끓이는 장면, 탕을 제조하는 과정, 탕의 기원, 탕과 관련된 미니 박물관 형태의 시설도 갖추어야 한다. 그래야 환자들이 믿기 때문이다.

가뜩이나 중국산이 물밀듯이 밀려오는 마당에 환자가 의심하지 않을 수 없다. 그래서 가능하면 한의원에서 자체적으로 지리산, 태백산, 무등산 등 국내 유명 산에 탕과 관련된 연구소를 만들어 운영을 할 필요가 있다. 무엇보다 환자가 믿어야 하기 때문이다.

동네에서 차별화하기란 쉬운 일이 아니지만 조금만 아이디어를 발산하면 차별화를 이룰 수 있다. 자존심 때문에 모두들 주춤하기 때문이다.

많은 돈을 들여 신문광고나 내부 인테리어를 잘한다고 해서 병원이 홍보되는 것은 아니다. 남이 하기 전에 먼저 시도해야 차별화를 이룰 수 있다.

　이제 병원을 개원할 때 지역에서 힘깨나 쓰는 정치인, 재력가, 사장 등이 아니라 미래 당신의 병원을 방문할 사람들을 대상으로 홍보해야 하지 않을까?

고객을 부르는 서비스 Tip

　한의원 수는 많아도 동네에서 이름난 한의원은 그리 많지 않다. 한의원도 이제 차별화하지 않으면 환자를 유치할 수 없게 되었다. 한의원이라면 입구부터 달라야 한다고 생각한다. 한의원이라는 것을 상징하듯 모든 직원이 전통 의상을 입고 환자에게 제공하는 음료도 달라야 한다. 한방차, 다이어트차, 감기를 예방하는 차, 건강차, 지리산약초차 등 다양한 차를 제공해야 한다.

환자뿐 아니라
보호자도 힘들다

병원에 가보면 환자는 환자대로 너무 힘들고 보호자는 보호자대로 죽을 맛이다.

그러나 "여보, 나 죽겠어. 나 좀 쉬자"라는 말을 남편이 아내에게 할 수가 없다. 행여 그런 말을 한 남편이라면 퇴원 후에 이혼을 당할 수도 있다.

"내가 몸이 아파 병원에 입원해 있는데 간호 좀 한다고 힘들다고 투정이라니. 매일 당신 밥해주고 빨래해주고 아이들 키우는 것은 조금도 생각하지 않고 뭐라고?" 하면서 면전에서 화를 버럭 낼 것이 분명하다.

혈압을 낮추기 위해 약을 먹고 있는 부인에게 간호하던 남편이 오히려 화를 불러일으켜 혈압이 올라가 몸을 더 상하게 만들 수도 있다.

246

그러나 친척이나 부모님이 아파 장기간 병원에 입원하였을 때 옆에서 간호를 해본 사람이라면 그 고통을 이해할 수 있다. 하기야 요즘은 병간호를 별도로 해주는 사람도 있지만 말이다. 돈을 주고 간병인을 써서 간호를 맡긴다고 해도 가족이 완전히 모른 척할 수는 없는 노릇 아닌가.

병원에도 사우나, 찜질방 등이 있어야 한다고 생각한다. 환자를 위한 시설이 아니라 병간호에 지친 사람들을 위해서 말이다. 장기간 병간호를 하는 사람으로서는 필수적이라고 생각한다. 아주 피곤할 때 사우나나 찜질을 하고 나오면 몸이 거뜬해져서 간호하는 데 지치거나 싫증이 나지 않기 때문이다.

만약 이런 곳이 없어 간호를 하다가 병원 밖으로 나가 사우나나 찜질방에 갔다 오면 "내가 이렇게 아파 누워 있는데 당신은 꼭 사우나를 해야겠어요?"라고 핀잔을 들을 수 있다. 그래서 병원에서도 사우나, 찜질방, 수영장 등의 설치를 신중하게 검토해볼 필요가 있다.

물론 환자들이 사용하는 것은 아니지만 자칫 병균이 옮을 수도 있기 때문에 조심해야 하므로 철저하게 입장객을 통제할 필요는 있다. 전염성이 강한 환자는 제한해야 할 것이다.

볼링장 역시 마찬가지다. 내일이면 몸이 완쾌되어 퇴원하는 환자라면 몸이 건강한 상태에서 볼링도 치고 싶을 것이다. 그러나 이런 시설이 없으니 제대로 놀 장소가 없어 따분할 따름이다.

장기나 바둑을 둘 수 있는 장소도 필요하다. 라이브 레스토랑도 필요하다. 음악으로 병을 치료한다고 하는데 말로만 할 것이 아니라 유명 라이브 가수를 초청하여 라이브 음악회를 열어보자. 아마 환자뿐 아니라 환자 가족들도 앞다투어 라이브 음악을 즐길 것이다.

"몸도 아프고 머리도 아픈데 무슨 라이브 음악을 듣는단 말이오?" 할 수도 있겠지만 환자일수록 더 음악을 들어야 한다. 그래야 마음도 가라앉고 편안함을 찾아 혈압도 낮아질 수 있기 때문이다. 요즘 음악을 듣는 사람들이 점점 늘어나고 있다는 사실을 감안할 때 병원 측에서 검토해볼 필요가 있다. 그저 로비에서 어쩌다 한 번 하는 소프라노 공연 말고 말이다.

당구장도 필요하다. 당구장은 환자나 환자 가족, 면회 온 사람들을 위해서도 필요하다. 물론 법적인 여러 조항을 검토해보아야겠지만 미래에는 좀 더 율동적이고 움직일 수 있는 레저 시설을 병원에서 갖추어야 한다. 환자에게 몸을 움직이라고 말만 하지 말고 움직일 수 있는 도구를 갖다놓아야 한다.

이밖에도 병원에는 미용실, 이용실, 스카이라운지, 간이교회, 화훼 전시장, 수족관, 레저 스포츠 시설 등 다양한 시설의 도입이 필요하다고 본다.

환자의 마음을 편안하게 해줄 수 있는 시설이 긴급히 필요하다. 심리치료사의 말 한마디보다 환자가 직접 참여하여 마음을 가라앉힐 수 있는 놀이기구가 필요한 것이다.

아마도 머지않아 병원에서 환자들을 위한 나이트클럽도 도입해야 할 것 아닌가 싶다. 호텔의 원조는 병원이라는 말에서 나온 것이다. 나이트클럽에서 춤도 추고 놀아야 병도 빨리 낫는다.

고객을 부르는 서비스 Tip

정신적으로 공허한 사람들이 늘어나고 있다. 여름이나 겨울 휴가기간 동안 자신의 몸을 수련할 수 있는 공간을 찾아 떠나는 사람들이 점점 늘어나고 있다. 물질적인 풍족으로 모든 것을 해결할 수 있다고 생각하지만 막상 물질적인 풍족이 이루어지고 나면 정신적으로 충족시킬 수 있는 뭔가가 필요하다.

암으로 고생하는 사람들이 웃음치료로 나았다는 이야기도 있다. 사람들이 웃으면 암세포를 제거할 수 있는 세포가 형성된다고 한다. 이제 병원에서는 환자들을 즐겁게 해줄 수 있는 아이디어가 필요하다. 병원에 있으면서도 웃을 수 있고 재미가 있어야 한다. 그래야 병도 빨리 치료되고 병원도 유명세를 탈 수 있다.

Part **9**

환자가 고객이다

직장인 시간에 맞추어 새벽에 문 여는 병원

"○○병원이지요? 내일 진료 예약 좀 하려고 합니다. 가능합니까? 내일 하루 종일 검사해야 하나요?" 병원에 예약을 해본 사람이라면 누구나 이런 말을 흔히 해보았을 것이다.

대학병원에 가보면 검사하는 데만 몇 시간이나 소요된다. 단지 혈액 검사만 하는데도 이쪽저쪽으로 다니며 한나절은 족히 잡아먹는다. 여기에 소변 검사 하고 엑스레이 찍고 초음파 하고 모든 검사를 하면 저녁이 되어서야 집으로 간다.

검사하는 시간을 정확하게 재보면 몇 십 분이면 충분한데 그저 기다리라고 하는 것에 지쳐버린다. 대학병원쯤 되면 "대학병원에서 진료를 받으려면 많은 인내심이 필요하지. 기다리기 싫은 사람은 일반병원에 가면 될 것 아니야" 하는 듯이 말이다.

환자는 기다리는 것에 지쳐 살 수가 없다. 혈압이 높아 병원에 가야 하는데 병원에 가서 한 번씩 기다리느라 홍역을 치르고 나면 혈압이 10~20은 거뜬히 올라가니 말이다.

이제 환자를 기다리게 하는 병원은 점점 더 힘들어질 것이 분명하다. 과거 병원이 동네에 한 곳밖에 없을 때는 아파도 참고 기다리면서 진료를 받았다. 그러나 이제 병원 수도 늘어나고 맞춤식 진료를 하는 병원이 늘어나다 보니 구태의연한 자세에서 벗어나지 못하는 병원은 도태될 수밖에 없다.

수면 내시경을 살펴보자. 진찰을 받기 위해 위 검사를 하는 경우 수면 내시경 검사를 받아보았으리라. 마취로 인해 잠시 잠을 자는 사이에 내시경 검사가 모두 끝나니 고통스럽지도 않고 아주 편하다.

문제는 시간이다. 수면 내시경은 깨어나는 시간까지 기다려야 하므로 보통 내시경보다 시간이 훨씬 많이 걸린다. 아침에 병원 문 열기를 기다려 1순위로 내시경 검사를 한다 해도 검사를 끝내고 깨어나 회사에 가면 당연히 지각이다.

그러나 차별화를 시도하는 병원이라면 직장인을 위해 수면 내시경 검사 시간을 새벽으로 당겨보자. 좀 일찍 나와서 환자를 위한 시간에 맞추어보자.

예를 들어 새벽 4시나 5시에 한다면 내시경 검사를 받는 사람은 직장에 출근하는 데 전혀 지장이 없을 것이다. "야, 끝내주네. 이렇게 아침 일찍 수면 내시경 검사를 하는 병원도 있다니 빨리 과장님한테 알려줘야지. 다른 병원에 가지 말고 이 병원에서 검사를 받으라고 해야겠어." 이런 말을 하는 순간 병원은 입소문 마케팅으로 환자가 늘어날 것이 뻔하다.

병원 입장에서는 좀 피곤할 수 있다. 남들 다 잠든 시간에 일찍 나와 수면 내시경 검사를 해야 되니 말이다. 그러나 차별화를 이루려면 가만히 앉아서 되는 일은 아무것도 없다. 일주일에 특정 요일을 정해서 새벽이나 아니면 근무시간 이후에 해보는 것은 어떻겠는가.

요즘은 연중 무휴, 24시간 영업, 새벽 영업 등으로 고객을 끌어들이는 곳이 많다. 이미 고객은 24시간 영업하는 곳에 길들여져 있다.

은행도 고객을 위해서 과감히 영업시간에 변화를 주었고, 호텔은 24시간, 연중 365일 고객을 위해 영업을 하고 있다. 언제든지 호텔에 가면 음식이 있고 객실이 있고 모든 서비스를 받을 수 있다. 그러나 병원은 지금까지 예외였다.

혹시 우리 병원이 동네에서 가장 일찍 문을 닫는 것은 아닌지 심도 있게 생각해보아야 한다. 요즘 같은 병원 홍수 시대에 지금까지 해왔던 방식 그대로 고수한다면 살아남기 힘들 것이다.

수면 내시경 검사만 그런 것이 아니다. 직장인이 즐겨 하는 건강검진, 피 검사, 조직 검사 등도 이제는 새벽이나 늦은 밤에 해보자. 연중 365일 환자를 기다리는 병원이 되어보자.

"네, ○○병원입니다. 언제든지 검사를 할 수 있습니다. 편하신 시간에 언제든지 예약을 해주십시오. 저희 ○○병원에서 바로 해결해드립니다"라는 간호사나 원무과 직원의 말이 흘러나와야 경쟁력 있는 병원, 차별화된 병원으로 거듭날 수 있다는 사실을 명심하자.

수술 진행 상황을
실시간으로 알려준다

"**귀하에게** 보낸 서류가 방금 전 서울역을 출발해 대전으로 향하고 있습니다"라는 문자메시지를 받아본 적 있는가.

요즘 택배 서비스도 첨단을 달리고 있다. 과거에는 우편물이 언제 도착하는지, 서울에서 보낸 물건이 언제쯤 부산에 도착할지 그저 궁금할 따름이었다.

택배가 도착한 다음에야 겨우 안심할 수밖에 없었다. 택배회사든 우체국이든 실시간으로 현재의 위치를 알려주는 서비스가 없었기 때문이다.

이렇다 보니 간혹 우편물이 중간에 유실되거나 받아보지 못하는 사례도 종종 있었다. 그러나 요즘은 어떤가. 하다못해 신발을 하나 사서 보내도 신발을 보낸 사람은 물론이거니와 신발이 도착하기 전까지의 전 과정을 실시간으로 알려주어 물건을 받을 사람이 안심할 수 있다.

그렇다면 병원에서는 어떤가. 물론 병원을 택배회사와 단순 비교하는 것은 무리일 수도 있다. 그러나 환자를 간호하는 사람은 환자의 수술이 진행되는 동안 초조해 죽을 것 같다. 일단 수술실에 들어가면 모든 것이 차단되기 때문이다. 이미 수술 전에 수술 중 죽어도 좋다는 서약서까지 작성해주었기 때문에 걱정이 이만저만이 아니다.

그래도 병원 측에 모든 것을 맡길 수밖에 없다. 물론 일리 있는 말이다. 수술과 같은 전문 의료기술을 요하는 일에 대해 환자에게 일일이 설명하는 것 자체가 병원 측에서는 의미가 없을 수도 있다.

그렇다 해도 알려준다고 큰 문제가 되는 것은 아니지 않는가. 환자 보호자에게 수술 진행 상황을 알 권리를 주자는 것이다. 서비스 차원에서 말이다. 그렇게 하면 보호자들이 수술실 밖에서 몇 시간 동안 초조해하면서 기다리지 않을 것이다. 단 1초가 급한 상태에서 말이다.

하기야 수술하는 의사의 입장에서는 "의사가 긴박한 순간을 넘겨가며 땀을 뻘뻘 흘리면서 수술을 하는데 무슨 알 권리를 찾고 난리야. 시간이 지나면 다 알려줄 텐데" 하면서 불만을 제기할 수도 있다. 그러나 서비스 차원에서 검토해볼 필요가 있는 일이다.

환자나 보호자는 병원에 입원하기 전에 이미 다양한 실시간 서비스를 받는 데 매우 익숙해 있는 사람들이다. 당연히 병원에서도 실시간 서비스를 받을 것을 기대한다. 따라서 현재 수술이 진행되고 있는 상태를 중간중간 상세하게 설명해줄 도우미가 필요하다.

"현재 ○○○ 환자님은 수술의 1/3이 성공리에 진행되고 있으며 앞으로 몇 시간 후에는 수술을 마칠 것 같습니다"라는 말 한마디에 환자 가족들은 안심할 것이다. 물론 환자의 수술 상태가 좋은지 나쁜지도 중요한 일이지만 현재의 수술 진행 상태를 실시간으로 알고 싶은 것이다.

만약 도우미가 없는 병원이라면 중간중간 환자 보호자들에게 알려줄 수 있는 시스템을 구축할 필요가 있다. 수술하는 데 5시간 걸린다고 수술하기 전에 설명을 들었지만 막상 5시간이 훨씬 넘었는데도 아무런 소식이 없다면 환자 보호자들은 무척 초조해할 것이다. 수술하는 과정에서 사고가 나서 제대로 수술이 진행되지 않았나 걱정이 태산이다.

수술이 지연되는 것과 반대로 예상 수술시간보다 앞당겨져 빨리 끝나는 경우도 있다. 이럴 때도 역시 환자 보호자에게 알려줄 필요가 있다. 희소식으로 말이다. 환자 가족들은 무척 좋아할 것이다.

그러나 이와 반대로 예상시간보다 수술이 길어지는데 병원 측 그 누구도 알려주지 않는다면 환자 가족들은 1초가 한 달의 기다

림보다 더 지루하고 죽을 맛이라는 사실을 병원에서도 알아야 할
것이다.

고객을 부르는 서비스 Tip

수술실 밖에서 환자 보호자 자격으로 수술이 진행되는 과
정을 기다려보지 않은 사람이라면 그 초조한 심정을 이해하지
못할 것이다. 잡지책이나 신문을 보아도 소용이 없다. 일단 병
원 수술실에 들어가는 순간부터 죽느냐 사느냐 외에는 선택권
이 없다. 그저 기다리는 수밖에 없다.

그러나 병원 측에서 조금만 노력한다면 이런 초조함을 없
앨 수 있다. 서비스 차원에서 말이다. 실시간으로 문자서비스
를 보내주어도 된다. 아니면 중간중간 도우미가 나와 설명해
주면 된다. 이것저것 다 어렵다면 아예 실시간으로 수술하는
전 장면을 환자의 보호자만 별도로 밖에서 볼 수 있는 시스템
을 갖춘다. 물론 어려운 일일 수도 있지만 말이다.

 # 상처, 통증, 재발률 등 환자 걱정을 미리 덜어준다

"간호사님, 한 가지 물어봅시다. 수술할 때 아프지 않나요?", "의사 선생님, 저는 상처가 나면 안 되는데요. 제발 상처는 작게, 보이지 않게 해주시면 안 되나요?"

수술을 받아본 사람이라면 이런 말을 의사나 간호사한테 물어보았을 것이다. 필자 역시 남성이지만 수술실에 들어가기 전에 "수술 자국이 크게 나나요?"라고 물어보았다. 수술 자국이 크게 나면 보기 흉할까봐 걱정이 되는 것이다. 여성이라면 더욱 중요할 수 있다. 이런 이유로 수술 상처는 아주 중요한 환자의 관심사이자 걱정거리다.

그래서 병원에서는 "우리 병원이 최고다"라고 큰소리 치면서 광고할 것이 아니라 다른 병원과의 차이점을 부각시킬 필요가 있다. 환자가 무엇에 관심을 갖고 있는지부터 확인할 필요가 있다.

특히 병원을 알리려면 위에서 설명한 내용을 중심으로 환자들이 가장 관심을 갖고 있는 사실을 알아둘 필요가 있지 않을까.

물론 완치율은 가장 중요하다. 의사나 간호사의 친절한 서비스도 중요하지만 환자가 가장 관심을 갖고 있는 것은 다른 데 있다는 사실도 알고 있어야 한다.

환자들은 수술 후 회복이 빨리 되기를 원한다. 물론 수술의 종류에 따라 어떤 수술은 상당한 시일이 지나야 수술 부위가 회복될 수 있다. 그러나 요즘은 첨단장비가 등장하여 사람이 직접 하지 않고도 로봇으로 설계된 기계장치가 수술을 하기 때문에 통증이나 상처가 없다고 한다.

또 한 가지는 낮은 재발률이다. 환자들이 겁내는 것 중 하나는 수술을 완전히 끝내고 정상적인 생활을 하다가 재수술을 하는 경우다. 이런 경우가 자주 발생하는 병원이라면 환자들이 기피할 것이 분명하다. 특히 암이나 대장, 항문 수술은 재발률이 높아 환자들이 공포에 떨기도 한다. 100% 완치됐다고 해도 재발하면 아무 소용이 없기 때문이다.

병원에서는 환자들의 이런 고민을 최대한 반영하여 수술을 해야 할 것이다. 병원에서 지금까지 수술 환자의 재발률이나 장기생존율 등을 환자가 알기 쉽게 차트로 보여준다면 병원을 신뢰할 수 있어 수술 환자가 늘어날 것이 분명하다.

인체 손상을 최소화하고 원래 태어난 모습에 가장 가까운, 원래의 신체 부위를 유지할 수 있는 수술이라면 당연히 환자들에게 인기가 있을 것이다. 똑같은 병명으로 두 병원에서 수술을 했는데 한 병원에서는 수술 후 회복률이나 재발률이 다른 병원에 비해 현저하게 낮다면 환자가 어느 병원을 선호할 것인지 분명히 알 수 있다.

환자들이 수술에 대해 불안감과 무서움을 느끼지 않도록 병원 자체적으로 원장이나 수술하는 모든 의사들이 동참하여 '환자를 위한 우리 병원의 수술선언문' 과 같은 헌장을 만들어 수술실 입구에 크게 걸어놓는다면 환자나 가족들은 한층 안심할 것이다.

고객을 부르는 서비스 Tip

병원에서 환자들을 대하는 태도는 어떤 서비스보다 중요하다. 특히 환자들이 수술을 두려워한다는 사실, 수술 부위의 상처나 재발률 등을 걱정한다면 먼저 이런 것들부터 자세히 설명해주어 안심시켜야 한다.

병원이나 한의원에서 요즘 광고를 많이 하고 있다. 이때 중요한 것은 어떤 병을 고치는가가 아니라 환자들이 무엇을 걱정하는지, 병원에 기대하는 것이 무엇인지를 명확하게 파악하고 광고를 할 필요가 있다.

 정말 **도와드릴**
일이 없나요?

고객을 기분 좋게 하는 말은 얼마든지
있다. 말 한마디에 천 냥 빚을 갚는다는 말도 있듯이 어떻게 표현
하느냐에 따라 받아들이는 고객의 입장에서 엄청난 차이가 있다.
그래서 서비스 업종에 종사하는 사람들은 말을 할 때 늘 조심해
서 상대방이 기분 나쁘지 않게 해야 한다.

호텔에 전화를 해보자. 제법 규모가 큰 호텔은 전화를 받자마
자 영어로 "May I help you?" 하고 이어 고운 목소리의 한국말로
"무엇을 도와드릴까요?"라고 묻는다.

전화를 건 고객은 호텔 객실이나 식당을 예약하든지, 아니면
호텔에 투숙하고 있는 동료나 친척, 기타 비즈니스 목적상 통화
를 해야 할 사람을 찾을 것이 분명하다. 이는 호텔에서 도와주어
야만 해결되는 문제다.

이런 사항에 착안하여 모든 직원이 전화가 걸려오면 "안녕하세요, 무엇을 도와드릴까요?"라고 친절하게 말한다. 외부에서 전화가 걸려오는 경우에 말이다. 게다가 내부 직원의 전화도 외부에서 걸려온 전화와 똑같이 받는다.

병원의 경우를 살펴보자. 병원은 호텔과는 분명히 다르지만 환자나 가족의 입장에서 보면 호텔과 그다지 다를 게 없다. 뭔가 부탁할 것이 있기 때문에 전화를 걸었다고 보면 된다. 병원도 마찬가지로 모든 직원이 "무엇을 도와드릴까요?", "도와드릴 일이 없나요?" 이렇게 전화를 받는다면 전화를 건 사람의 입장에서 무척 기분이 좋을 것이다.

전화뿐 아니라 환자를 담당하는 간호사나 의사, 그밖에 원무과에 종사하는 사람도 마찬가지다. 환자가 병실에서 나오는 순간 "도와드릴 일이 없나요?", "더 필요한 것은 없습니까?"라고 묻는다면 환자의 입장에서 이보다 더 좋은 말은 없다.

간호사나 의사만 이런 말을 사용하라는 것은 아니다. 병실을 청소하는 청소원 역시 마찬가지다. 병실의 쓰레기통을 치우면서도 "도와드릴 일이 없습니까?"라고 물어보자. 환자나 가족에게 뭔가 필요한 것이 있다면 당연히 부탁을 할 것이다.

병원에 가보면 누군가를 붙잡고서라도 물어보고 싶은 심정이다. 그러나 누군가에게 물어보면 "담당자에게 물어보세요", "저쪽에 있는 ○○과로 가보세요" 하면서 자신이 맡은 업무가 아니면 냉소적인 반응을 보이는 것이 대부분의 병원 실태다. 이렇다 보니 환자는 그저 앞 환자를 따라서 진료를 받기 위해 막연하게 기다려야 한다.

의사, 간호사, 원무과 직원 등 병원에서 근무하는 모든 직원의 말 한마디는 매우 중요하다. 특히 전화를 받는 경우나 병실에서 간호사나 의사가 환자를 돌보고 나가는 경우 반드시 "더 필요한 것은 없습니까?", "도와드릴 일은 없습니까?"라고 물어보자. 환자가 애타게 기다려서 듣고자 한 말이다.

고객을 부르는 서비스 Tip

병원에 종사하는 모든 직원이 '무엇을 도와드릴까요?'라고 써 있는 명찰을 달고 다닌다. 명찰뿐만 아니라 각 부서 직원들은 입구 데스크 위에 '무엇을 도와드릴까요?'라는 문구를 반드시 부착해놓는다. 병원의 간호사나 의사가 자주 하는 공통된 말이 있다. "기다리세요", "제가 지금 바쁜데요"라는 말이다. 이런 말이 얼마나 기분 나쁜 말인지 알아야 한다.

각 부서 담당 직원들이 출근과 동시에 업무가 시작되기 전 간단한 조례를 해보자. 모든 간호사가 한 줄로 서서 "무엇을 도와드릴까요?", "더 필요한 것은 없습니까?"라고 세 번만 외치고 근무에 임해보자. 다른 병원과 차별화된 서비스를 제공하려면 병원 직원들의 첫마디부터 달라야 한다.

불만을 제기하지 않는
환자가 더 무섭다

서비스 하면 호텔이라고 생각하는 사람들이 많다. 그만큼 호텔 서비스가 최고라고 많은 사람들이 인식하고 있기 때문이다.

호텔에서 고객을 상대하다 보면 특이한 고객을 많이 볼 수 있다. 특히 고객과 접촉하는 최일선 부서에서 근무하는 직원들은 다양한 부류의 고객을 접한다.

예를 들면 한여름에 아주 더운 날씨인데도 춥다고 하는 고객, 객실 요금이 너무 비싸다고 우기는 고객, 음식이 너무 짜다고 돈을 내지 않는 고객, 엘리베이터에서 먼 객실을 제공했다고 불평하는 고객 등 불평과 불만을 제기하는 고객은 이루 말할 수 없이 많다.

그래서 호텔 서비스 부서에서 근무하는 직원들의 피로는 이만저만이 아니다. 물론 친절하게 직원들을 대해주는 고객도 많다. 항상 1%의 고객이 문제다. 100명의 고객이 호텔을 방문한다면 최소 1~2명은 도저히 상식으로는 이해되지 않는 고객이다. 이들은 늘 불평과 불만을 달고 다닌다.

하지만 불평과 불만을 제기하는 고객이라면 호텔 측에서 바로 시정하여 고객의 마음을 돌릴 수 있다. 오히려 불평과 불만을 전혀 제기하지 않는 고객이 더 큰 문제다.

이들은 럭비공과 같아서 어디로 튈지 예상이 불가능한 고객이다. 겉으로는 말이 없지만 마음속으로 불평과 불만을 품어두고 있기 때문이다. 이런 유형의 고객은 표정으로도 구분하기 힘들다. 화를 내는 표정인지 웃는 표정인지 도무지 감을 잡을 수가 없다.

한번은 호텔에서 이런 일이 있었다.

재미교포인 이 고객은 장기간 호텔에 체류하고 있었다. 비즈니스 관계로 호텔에서 6개월 이상 투숙하다 보니 호텔 직원들과도 늘 친하게 지냈다.

대부분의 고객이 호텔에 와서 3~4일 정도 숙박하는 것에 비해 상당히 오랫동안 투숙한 이 고객은 호텔의 직원 누구를 만나도 항상 싱글벙글하면서 웃었다. 혹여 룸서비스로 식사를 주문했는데 늦게 도착해도 전혀 개의치 않았다. 항상 웃으면서 직원들을 대했다.

그러다 보니 호텔의 모든 직원이 고객을 친구처럼 대하고 때로는 고객이 요구하는 것에 대해 '언제나 웃는 고객인데 좀 늦게 갖다주어도 되겠지' 하며 다른 고객을 먼저 배려해 서비스를 하였다. 객실 청소를 담당하는 직원 역시 고객이 늘 웃는 얼굴로 대해주니 상황에 따라서는 객실 청소를 하지 않는 경우도 있었다.

이런 상태로 6개월 정도 머물다 그 고객은 미국으로 떠났다. 그러나 그는 호텔을 떠나기 전에 자신이 호텔에서 겪었던 모든 사항을 하나하나 노트에 꼼꼼히 적어 호텔 회장에게 보냈다. 직원들의 실명을 언급한 것은 물론이거니와 6개월 동안 자신이 받았던 부당한 대우나 서비스에 대해서도 시간, 날짜, 직원 이름 등을 상세히 적어 보냈다.

호텔에서는 난리가 났다. 그 고객을 불성실하게 대했던 많은 직원들이 징계를 받아 다른 부서로 이동하거나 감봉을 당하거나 그만두는 사건이 발생했다.

고객이 말이 없다고, 불평을 제기하지 않는다고 마음속까지 포기한 것은 아니다. 병원의 경우도 마찬가지다. 간호사에게 부당한 대우를 받거나 의사에게 불만족스러운 의료 서비스를 제공받았음에도 어떤 불만이나 불평을 하지 않는 환자가 있다면 눈여겨볼 필요가 있다.

아마 마음속으로는 '어디 두고 보자. 너희들이 감히 나한테 이런 부당한 대우를 하다니' 하면서 복수의 칼날을 갈고 있을 것이다. 그래서 말이 없는 환자, 전혀 불만을 제기하지 않는 환자라고 문제가 없는 것은 아니다.

불만이 있어 떠나간 고객이 다시 호텔을 방문하는 데 약 3년이 걸린다고 한다. 병원에서도 말이 없는 환자라고 부당하게 대우해서는 절대 안 된다.

고객을 부르는 서비스 Tip

말이 없는 환자, 불만을 제기하지 않는 환자, 언제나 웃는 모습으로 당신을 대하는 환자라고 해서 소홀히 대하면 절대 안 된다. 단지 표현을 하지 않을 뿐이다. 차곡차곡 쌓아놓았다가 퇴원할 때 병원의 최고책임자에게 알리거나, 더 무서운 환자라면 일간지 신문에 자신이 당한 부당한 처우에 대해 알릴 수도 있다는 사실을 명심하자.

말이 많은 환자, 불평과 불만을 늘어놓는 환자, 조금만 서비스가 부당해도 이의를 제기하는 환자는 오히려 병원 측에서 다루기 쉬운 환자다.

담당 의사, 간호사 이름을 병실 문에 크게 써붙인다

세계적으로 널리 알려진 디즈니랜드에 가면 없는 것이 없다. 놀이공원 하면 디즈니랜드라고 할 정도로 전 세계 사람들이 시간과 여유만 주어진다면 꼭 한 번 가보고 싶어 하는 곳이 디즈니랜드가 아닌가 싶다.

디즈니랜드는 놀이공원으로도 유명하지만 세계 최고 수준의 서비스를 관람객에게 제공하는 것으로도 널리 알려져 있다. 이런 이유로 서비스 업종에 종사하는 사람들에게 서비스 사례 견학 코스로 추천해주고 싶다.

그렇다면 디즈니랜드가 어떤 서비스를 관람객에게 제공하는지 살펴보기로 하자. 물론 지면 관계상 여기서 모든 서비스를 나열할 수는 없고 일부만 병원 서비스와 관련지어 살펴보겠다.

디즈니랜드는 워낙 크기 때문에 관람객 수도 많지만 관람객을 위한 프로그램도 엄청나다. 그래서 관람객은 프로그램 안내책자를 보고 자신이 가고 싶은 프로그램을 선택해서 간다. 그러나 안내책자가 있어도 직접 물어봐야만 뭔가 제대로 아는 것 같은 기분이 들지 않는가. 그런데 직원한테 물어보면 "제 담당 부서가 아니니 저쪽으로 가서 물어보세요" 하면서 신경질적인 반응을 보인다.

이뿐인가. 전화를 걸어도 마찬가지다. "여보세요. 죄송하지만 오늘 연극은 몇 시에 시작하나요?"라고 물으면 "이쪽은 경비실입니다. 전화를 잘못 걸었어요. 제가 전화번호를 알려드리겠습니다" 하면서 친절하게 담당자 전화번호를 알려준다. 이 정도면 그래도 훌륭한 서비스다. 그저 다른 부서로 휙 전화를 돌려 한참 시간이 지난 뒤에야 "죄송합니다. 무엇을 도와드릴까요?" 하면서 능청을 떤다.

그렇다면 디즈니랜드에서는 어떻게 하는지 알아보자.

가족 단위 관람객이 어디를 먼저 구경해야 할지 몰라 두리번거리자 청소원으로 보이는 사람이 다가와서는 "죄송합니다만 어디를 찾고 계신가요?" 하면서 친절하게 그날의 프로그램에 대해 어디에서 무엇을 하고 몇 시에 하는지 상세하게 설명해준다. '아니, 청소원이 어떻게 프로그램을 다 알고 이렇게 친절하게 설명을 해줄 수 있단 말인가' 하고 관람객은 깜짝 놀란다.

관람객이 디즈니랜드에서 근무하는 그 어떤 직원을 붙들고 물어보아도 상세하게 디즈니랜드의 내부 프로그램을 설명해준다.

한마디로 표현하자면 관람객에게 원스톱 서비스를 제공하는 것이다. 디즈니랜드의 모든 직원은 청소를 하는 사람, 심지어 아르바이트를 하는 사람도 관람객이 물으면 디즈니랜드와 관련된 무엇이든 답변을 해준다고 한다.

병원의 경우를 살펴보자. 환자가 입원해 있는 병실에는 담당 의사나 간호사가 있지만 작은 글씨로 써 있거나 자신들만이 알 수 있는 업무일지에 적어놓고 있다.

이렇다 보니 환자가 갑자기 간호사를 찾으려면 이름을 몰라 "간호사님, 간호사님" 하고 불러야 한다. 담당 의사 역시 마찬가지다. 이름을 알 수가 없다. 그저 입원하는 첫날 알려주었기 때문에 어지간해서는 기억하기 힘들다.

이런 불편을 없애기 위해 큰 글씨로 된 명찰을 달아 이름을 알 수 있도록 한다거나 병실 문에 크게 담당자 이름을 써놓자. 담당 간호사 ○○○, 연락처 ○○○, 담당 의사 ○○○ 등 크고 선명하게 써서 벽에 걸어놓으면 누구든지 쉽게 이름을 부를 수 있다. 그래야 간호사나 의사도 기분이 좋을 것이다. 그저 "이봐요, 간호사님", "저기 저분 우리 담당 선생님이지요?"라는 말을 하지 않을 것이다.

병원에서 조금만 신경을 쓴다면 환자나 환자 가족들은 무척 좋아한다. 의사나 간호사의 이름을 병실에 크게 써서 붙이면 환자나 환자 가족이 외워서 다음번에도 ○○○ 의사님을 찾을 것이니 병원 홍보 차원에서도 도움이 된다.

하얀 가운 입고 청진기 들고 다니면서 진료만 열심히 한다고 해서 친절하고 서비스를 잘하는 병원이라고 할 수 없다. 당장 오늘부터 간호사의 명찰을 조금 크게 써서 붙여보자. 의사도 파격적으로 명찰을 크게 달고 다녀보자. 절대 웃기는 일이 아니다. 좀 더 환자에게 다가가는 서비스라는 사실을 명심하자.

고객을 부르는 서비스 Tip

환자가 치료받는 병실 벽에 환자를 담당하는 의사나 간호사의 약력이 적힌 이력서를 크게 부착하는 것도 좋은 아이디어다. 환자를 담당하는 의사가 어떤 과정을 거쳐 전공이 무엇인지 확실하게 알린다는 것 자체가 환자를 위한 서비스라고 할 수 있다. 간호사도 마찬가지다. 사진까지 부착한다면 더 좋은 일이고 그렇지 않다면 수술 경력이나 치료 관련 특이한 장점 등을 부착해서 환자가 안심하도록 한다.

한두 번 수술을 경험한 환자라면 자신을 담당하는 의사의 실력에 대해 알고 싶어 한다. 그래서 조금이라도 병원에 아는 사람이 있으면 "담당 의사 선생님 실력 있는 사람으로 부탁해" 하면서 청탁을 한다.

1170호실 환자 조심하세요

호텔에서 근무하다 보면 고객이 얼마나 다양한지 경험할 수 있다. 예약을 하지 않았는데도 예약을 했다고 우기는 고객, 분명히 3박 4일을 예약해놓고 막상 호텔에 도착해서는 4박 5일 예약을 했다고 우기는 고객, 요금을 지불하지 않고 몰래 호텔을 도망쳐 나가는 고객 등 상식으로 해결이 불가능한 고객이 상당수 있다.

이런 유형의 고객을 처리하는 방법은 간단하다. 일단 들어주는 수밖에 다른 도리가 없다. 그리고 이런 유형의 고객을 처음 접한 직원이 빠르게 다른 동료들에게 자신이 경험한 이상한 유형의 고객에 대해 상세하게 알려야 한다. 그렇지 않으면 계속해서 반복적으로 당할 수 있다.

그래서 근무교대를 할 때 이런 유형의 고객에 대해 근무자에게 상세하게 전달한다. "1170호실에 투숙하고 있는 고객, 어제 저녁부터 계속 객실 요금이 비싸다고 항의한 고객이야. 조심해야 돼" 하고 동료 직원에게 빨리 알려야 한다. 그렇지 않으면 똑같은 고충을 당할 수 있기 때문이다.

서비스에서 프로를 자부하는 직원이라면 객실 수가 500실 정도 되는 호텔이라 할지라도 각 층마다 투숙하고 있는 고객에 대해 상세하게 알고 있어야 한다. 물론 모든 고객에 대해 알 수는 없지만 중요하다고 생각하는 고객이나 이상하다고 판단되는 고객은 항상 주시하고 있어야 한다.

"1290호실에 투숙하고 있는 손님, 어제 객실에서 술을 너무 많이 마셔서 병원에 갔다 온 고객이야", "505호실에 투숙하고 있는 고객은 2010호실에서 어제 객실을 변경한 고객이라고. 고소공포증이 있다고 해서 객실을 바꾸어줬어" 하면서 객실마다의 특성 하나하나에 대해 동료 직원한테 알려야 한다.

병원의 경우를 살펴보자. 병실에 입원하고 있는 환자나 호텔에 투숙하고 있는 고객이나 다를 것 없다. 다만 환자는 아파서 병원에 온 것이고, 호텔에 온 고객은 비즈니스나 관광, 기타 목적으로 호텔에 투숙하는 것이다. 병원에서는 별도의 아침조례 시간을 가져 지난밤 간호하면서, 아니 의사가 야간 당직 진료를 하면서 발생한 사건이나 사고에 대해 상세하게 다음번 근무자에게 알려주어야 한다.

"1170호실에 입원해 있는 환자가 어제 뜨거운 물을 빨리 가져오지 않는다고 화를 내면서 난리를 피웠어요. 조심하세요. 신경이 무척 날카로운 것 같습니다" 하고 다음번 교대자에게 설명해 주면 1170호실에 입원하고 있는 환자에게 특별히 신경을 쓴다.

그리고 어제 저녁부터 담당 의사에게 불만이 있다면서 계속 항의한 환자, 가족이 찾아왔는데도 면회가 안 된다고 하여 가족이 항의한 환자, 병실이 지저분하다고 불만을 토로한 환자 등 여러 가지 유형의 환자가 있다.

이들 환자는 잘못 관리하면 큰 낭패를 볼 수 있다는 사실을 명심해야 한다. 사전에 불만이 많은 환자나 가족에 대해 아침조례나 미팅 시간에 반드시 알려야 한다.

한번은 호텔에서 자는 사이 바퀴벌레 한 마리가 나와 이를 보고 기절한 미국인 여성 고객도 있었다. 원래부터 바퀴벌레에 대해 엄청난 혐오감을 가지고 있는 고객이란 것을 사전에 미처 알지 못했다.

물론 이런 사실을 사전에 안다는 것은 무척 힘든 일이다. 그러나 이런 경험을 한 고객이 다시 그 호텔을 방문했을 때 똑같은 상황이 발생하면 그 고객은 더 이상 그 호텔을 이용하지 않을 것이 분명하다. 고객에 따라서는 바퀴벌레 한 마리를 보고 기분이 나빠 객실을 바꾸어달라고 할 수도 있지만 기절하는 경우도 가끔 있다.

병원도 마찬가지다. 환자의 특성, 가족의 특성에 따라 상식적으로 이해되지 않는 환자들이 얼마든지 있다. 이들을 제대로 관리하고 적절한 서비스를 하려면 이미 특이한 경험을 한 간호사나 의사가 동료들에게 빨리 알려주는 수밖에 없다. 그래서 아침조례가 반드시 필요하며 이런 내용을 중심으로 미팅이 이루어져야 한다.

고객을 부르는 서비스 Tip

근무교대 때나 아침조례 시간에 해야 할 업무 리스트를 작성하여 매일 반복적으로 똑같은 시간에 점검한다. 환자를 위한 구호 또는 외침, 서비스 박수, 경쾌한 노래 등을 준비해서 아침조례를 하도록 한다.

그리고 직원의 생일, 어제 발생한 환자의 사고, 불평 불만을 제기한 환자의 이름과 호실, 중환자실의 현황, 특별히 신경 써야 하는 환자, 수술 환자에 대한 특별한 배려 등 다양한 것을 준비한다. 특히 어제 1170호실 환자의 불만을 해소하기 위해 고생한 ○○○ 간호사에게 박수를 보내는 시간도 가져야 한다.

## Part 10

의료관광 시대가
다가오고 있다

의료관광이란 무엇인가

의료관광이란 말 그대로 병의 치료와 휴양·레저·관광·문화 등의 다양한 산업이 결합된 새로운 형태의 관광산업이라고 할 수 있다.

과거에는 단지 치료를 위해 다른 나라의 우수한 의료진과 시설을 찾아 방문했으나, 최근에는 자국에서 받는 의료 서비스보다 치료 효과가 뛰어날 뿐 아니라 가격 면에서도 자국과 비교해 2배, 심지어는 3~4배 차이가 나 의료관광이 점점 확산되고 있는 추세다.

최근에는 아시아를 중심으로 미국뿐 아니라 유럽 상당수 국가에서 건강 치료는 물론이고 관광을 목적으로 한 의료관광이 큰 인기를 끌고 있어 이 분야에 대한 정부의 관심이 증폭되고 있다.

특히 태국, 말레이시아, 싱가포르, 인도 등의 나라에서 의료관광 활성화는 고용창출 효과를 유발시키는 것은 물론 국가경쟁력 차원에서도 고부가가치 산업으로 자리매김하고 있다. 또한 이 분야에 여성들이 많이 진출해 여성 고용창출에도 큰 기여를 하고 있다.

의료관광에는 어떤 것이 있나

의료관광의 유형은 다양하다. 물론 치료가 최우선이지만 의료관광을 떠나는 사람들의 목적은 다양하다고 할 수 있다. 세계적으로 의료관광이 활성화되어 있으면서 이 분야의 전문가라고 할 수 있는 싱가포르 관광공사의 얍(Yap) 박사는 의료관광을 여러 가지 형태로 분류해 설명하고 있다.

첫째, 불가피한 서비스를 받기 위해 의료관광을 하는 환자

이들은 자국에서 받기 어려운 장기이식과 같은 서비스를 받기 위해 타국으로 의료관광을 떠나는 환자들이다. 나라에 따라 장기이식이 엄격히 금지되어 있기 때문이다. 한때 장기이식을 받기 위해 많은 환자들이 중국을 찾았다. 그러나 최근 중국에서도 올림픽을 치른 이후 장기이식이 엄격하게 금지되고 있다.

둘째, 휴양의 목적으로 여행을 떠나는 환자

이들은 치료보다는 휴양이 주목적이라고 할 수 있다. 자국보다 자연경관이 뛰어나거나 공기 좋은 휴양지를 찾아 여행을 떠나는 환자들이다. 주로 부유한 계층에서 성행하고 있는 치료휴양 개념의 의료관광이라고 할 수 있다.

셋째, 의료비가 저렴한 나라를 찾아 떠나는 환자

자국의 높은 의료비용으로 인해 타국으로 의료관광을 떠나는 환자들로서, 최근 태국을 비롯한 아시아 국가로 의료관광을 떠나는 환자들을 일컫는다. 심장수술과 같은 경우 자국에 비해 무려 3~4배나 의료비가 저렴한 나라로 수술을 받기 위해 떠나는 환자들이다. 의료관광은 이런 유형의 환자들이 대부분이라고 보면 된다.

넷째, 의료기술이 좋은 나라로 떠나는 환자

자국의 의료기술이 낙후되어 의료기술이 선진화된 나라로 치료를 받으러 떠나는 환자들로서, 이들은 치료뿐 아니라 인근 관광도 한다.

의료관광도 마케팅에 달려 있다

홍보를 하지 않으면 의료관광도 활성화될 수 없다. 우선 고국을 떠나 머나먼 외국에서 거주하는 동포들에게 한인회, 노인회 등 각종 한인단체를 중심으로 한국의 의료관광을 홍보할 필요가 있다. 이들과 국내 병원은 상호 협력관계를 유지하고, 한국에서 의료관광을 실시하고 있는 병원의 홍보책자를 발행하여 지속적으로 정보를 제공해야 한다.

재외동포들은 중국, 일본, 미국, 캐나다, 호주, 필리핀 등 전 세계에 한인회를 결성하여 활발하게 모임을 갖고 있다는 사실을 주목하고, 이들 단체에 정기적으로 의료관광을 홍보한다. 특히 경주, 제주, 서울, 부산 등의 관광지와 연계한 도심지 병원에서는 의료관광을 활성화시켜 1단계로 재외동포를 중심으로 한 마케팅 전략을 세워야 할 것이다.

무비자 제도를 적극적으로 도입하자

태국은 2005년부터 노인 장기 요양 서비스를 목적으로 태국에 오는 외국인과 의료관광을 목적으로 오는 방문자에게는 무비자를 허용하여 출입국 절차를 대폭 줄이는 등 의료관광을 오는 환자들의 고객만족을 위해 최대한 노력하고 있다. 그 효과로 매년 태국을 찾는 의료관광 방문객이 늘어나고 있는 상황이다.

우리나라에서도 의료관광을 목적으로 방문하는 환자들에게는 무비자를 적용해 한국 병원을 찾는 이들의 번거로움을 최대한 줄여줄 필요가 있다.

차별화된 병원에 환자가 몰린다

환자들이 몰리려면 다른 병원에서 찾아볼 수 없는 차별화된 상품이 있어야 한다.

우선 의료관광을 떠나는 환자라면 대부분 상류층이라 할 수 있으므로 이들은 호텔 수준의 시설을 선호한다. 의료기술도 중요하지만 환자들이 치료와 관광을 겸할 수 있도록 최고의 시설을 갖추어놓아야 한다. 환자가 병원에 입원한 것이 아니라 특급 호텔에 머무른다는 생각이 들도록 최고의 호텔병원으로 차별화해야 한다.

다음으로는 중증 환자를 위한 특별 서비스가 있어야 한다. 이들은 의료관광을 오는 나라의 공항에 도착해 치료의 최종 목적지인 병원까지 픽업 서비스가 완벽하지 않으면 병원에 오지 않는다고 보면 된다. 인천공항에 도착하는 즉시 안전하게 병원까지 모셔올 수 있는 서비스를 구축해야 한다.

셋째는 그 병원만의 특성을 살려 특정 환자를 겨냥한 타깃을 세워야 한다. 막연하게 전체 환자를 대상으로 해서는 절대 성공할 수 없다.

예를 들면 얼굴 성형, 피부, 한방 치료, 척추, 비염, 비만 등 특정 환자를 위한 차별화된 뛰어난 시설과 세계적으로 공인받은 우수한 의료진, 최고의 서비스가 이루어져야 한다.

물론 국내에서도 유명한 병원으로 알려져야 하는 것은 당연하다. 특히 피부과는 일본 관광객이 많이 찾아오고 있다. 병원, 여행사, 항공사가 연계해 패키지 투어 형식으로 온천, 피부관리, 마사지 등이 포함된 새로운 의료관광 상품을 개발하여 판매하는 것이다.

 # 의료관광으로 성공한
나라들

　　최근 아시아에서는 태국이 성공적인 의
료관광 국가로 급부상하고 있다. 특히 푸껫은 성전환 수술로 유
명해 유럽뿐 아니라 미국에서도 많은 환자들이 몰리고 있다.

　동남아 국가의 경우 전 세계를 겨냥한 마케팅 전략을 세우고
세계 최고 수준의 병원 시설과 의료진을 구성하여 자국 환자뿐
아니라 전 세계 환자들을 유치해 외화를 벌어들이고 있다.

　이에 최근 의료관광이 활성화되고 있는 아시아 국가들의 의료
관광 실태를 살펴보기로 하겠다.

인도

　인도는 최근 'Global Health Destination' 이라고 불릴 정도로

하루가 다르게 의료관광의 메카로 급부상하고 있다. 인도에서 의료관광으로 명성을 날리고 있는 병원은 AIMS, Tata Memorial Hospital, Apollo Cancer Hospital Chennai 등이며, 이들 외에도 상당수 병원에서 의료관광을 적극적으로 펼쳐나가고 있다.

특히 인도는 의료비가 저렴할 뿐 아니라 의료업계 종사자 수준이 미국이나 기타 선진국에 버금갈 정도로 교육, 시설, 서비스 등에 집중적으로 투자하고 있다.

또 한 가지는 국가적 차원에서 의료관광의 중요성을 인식해 집중적으로 홍보하고 있다. 다른 나라보다 비용우위를 점해 의료관광을 활성화시키기 위해 외국에서 온 환자들에게 치료비 할인혜택을 제공할 뿐 아니라 외국에서 들여오는 각종 고가 의료장비에 대폭적으로 관세를 낮추었다. 그리고 인도 최고의 관광지를 소개하는 홍보책자에 의료관광을 소개해 외국인 환자들에게 적극적으로 홍보하고 있다.

인도에서는 의사들이 의료관광을 오는 환자들의 의료자료를 미리 입수해 수술기간, 수술비용, 수술예후 등의 정보를 상세하게 제공한다.

뿐만 아니라 이런 단계가 끝나고 환자나 가족이 공항에 도착하는 즉시 차가 대기해 곧바로 병원으로 출발하는 원스톱 서비스를 제공한다. 최고의 서비스를 받고 병세가 좋아진 환자는 이후 계속적으로 인도를 재방문하여 재방문 의료관광객이 점차 늘어나고 있다.

태국

　저렴한 의료비용과 풍부한 관광자원을 보유한 태국으로 매년 의료관광을 목적으로 하는 환자들이 몰려들고 있다. 태국 병원들은 의료관광을 위해 찾아오는 환자들을 위해 병원 간 네트워킹이 잘되어 있다.

　건강검진 + 시내 관광을 패키지로 판매하여, 환자가 오전에 검사를 끝내고 오후에 관광을 하고 돌아오면 자신의 건강검진 결과에 따라 치료를 받는다. 이들 병원에서는 외국인들이 즐겨 마시는 커피전문점 스타벅스가 1층에 입점해서 영업을 하고 있을 뿐아니라 간이 온천 시설, 마사지 시설, 인터넷 시설을 갖추고 외국인 환자들을 유혹하고 있다.

　의료진 역시 미국이나 선진국에서 첨단 의료기술을 익힌 의사나 간호사들이 항상 대기하고 있어 외국인 환자들에게 신뢰감을 주고 있다.

　또한 병원에서는 특정 언어로만 서비스를 하는 것이 아니고 무려 14개 언어로 된 인터넷 홈페이지를 운영하며, 다양한 국적의 외국인 환자들이 언제 어디서든 자국 언어로 예약, 진료, 관광 시스템을 이용할 수 있도록 갖추어놓았다.

말레이시아

말레이시아 의료관광의 특징은 가격이 저렴한 것은 물론이거니와 말레이시아 정부 차원에서 의료 서비스의 중요성을 인식하고 있다는 점이다. 병원 자체적으로 의료 서비스를 홍보할 수 없도록 한 법률 조항을 폐지해 실질적으로 의료관광을 시도하려는 병원들에게 큰 도움을 주고 있다.

뿐만 아니라 병원과 호텔을 소개하며 주변 국가에 비해 가격이 저렴하다는 것을 집중적으로 홍보하고 있다. 이를 위해 의료관광 프로그램을 추진하고 외국인 환자들을 유치하는 데 걸림돌이라고 할 수 있는 각종 세금 혜택도 부여하고 있다.

또한 의료 서비스의 질을 높이기 위해 관련 직원들에 대한 서비스 교육을 한층 더 강화하고 있다. 말레이시아는 특히 미용 분야에서 많은 외국인 환자들이 몰려드는 추세다.

최근 말레이시아 의료관광이 급속하게 발달하는 이유로 정부에서 직접 나서서 민간 병원을 대신해 해외에 적극적으로 홍보하고 있다는 점을 들 수 있다.

특히 말레이시아 대사관을 중심으로 말레이시아에서 의료관광을 실시하고 있는 병원의 실태와 서비스, 가격 등 다양한 정보를 실시간으로 제공하고 있다.

기타 국가

　필리핀은 '레저와 함께하는 보건'이라는 슬로건을 내걸고 국가적으로 의료관광을 집중적으로 홍보하고 있다. 필리핀 전통대체의학협회와 연계해 웰빙과 건강, 스파, 풍부한 자연자원을 활용하여 의료관광을 활성화시키고 있다.

　멕시코의 경우 인근 미국인 의료관광객을 대상으로 거리가 가까운 장점을 살려 의료관광을 실시하고 있다. 특히 주름제거 수술을 전략적으로 차별화시키고 있다. 미국에 비해 훨씬 저렴한 의료비용을 내세워 미국인 의료관광객을 적극 유치하고 있다.

　유럽 지역은 동남아나 남미 국가와 달리 불임치료 관광이 다른 나라보다 활성화되어 있다. 이들 국가에서는 의료법의 보호로 인해 치료비용이 적게 든다는 장점을 내세워 집중적으로 의료관광을 홍보하고 있다.

　이밖에 남아프리카공화국은 성형수술, 안과수술이 유명하며, 전 세계적으로 인기를 끌고 있는 사파리 관광 등 풍부한 관광자원을 활용하여 의료관광을 활성화시키고 있다.

중앙경제평론사
중앙생활사

Joongang Economy Publishing Co./Joongang Life Publishing Co.

중앙경제평론사는 오늘보다 나은 내일을 창조한다는 신념 아래 설립된 경제·경영서 전문 출판사로서 성공을 꿈꾸는 직장인, 경영인에게 전문지식과 자기계발의 지혜를 주는 책을 발간하고 있습니다.

마법의 병원 서비스

초판 1쇄 발행 | 2011년 1월 13일
초판 4쇄 발행 | 2013년 6월 15일

지은이 | 김근종(Keunjong Kim)
펴낸이 | 최점옥(Jeomog Choi)
펴낸곳 | 중앙경제평론사(Joongang Economy Publishing Co.)

대   표 | 김용주
책 임 편 집 | 작업공간
본문디자인 | 작업공간

출력 | 영신사   종이 | 한솔PNS   인쇄·제본 | 영신사

잘못된 책은 바꾸어 드립니다.
가격은 표지 뒷면에 있습니다.

ISBN 978-89-6054-073-6(13320)

등록 | 1991년 4월 10일 제2-1153호
주소 | ㉾100-826 서울시 중구 다산로20길 5(신당4동 340-128) 중앙빌딩 4층
전화 | (02)2253-4463(代) 팩스 | (02)2253-7988
홈페이지 | www.japub.co.kr 이메일 | japub@naver.com | japub21@empas.com
♣ 중앙경제평론사는 중앙생활사·중앙에듀북스와 자매회사입니다.

▶홈페이지에서 구입하시면 많은 혜택이 있습니다.

※ 이 도서의 국립중앙도서관 출판시도서목록(CIP)은 e-CIP 홈페이지(www.nl.go.kr/cip.php)에서
이용하실 수 있습니다.(CIP제어번호: CIP2010004415)